포스트 **트루스**

POST-
TRUTH

포스트트루스

지은이 **리 매킨타이어**
옮긴이 **김재경**   해제 **정준희**

머리말

2017년 봄, 책을 집필하던 시기에 탈진실post-truth만큼 뜨거운 화제는 없었다. 신문을 펴거나 TV를 틀어도, 식당에 가거나 엘리베이터에 올라타도 탈진실 얘기가 나왔다. 이러한 분위기는 책을 쓰는 데 도움이 되기도 했지만 도전이 되기도 했다. 아직 정립되지 않은 채로 논쟁이 오가고 있는 새로운 소재를 어떤 식으로 다뤄야 할지 걱정되었기 때문이다.

탈진실 개념은 진실이 퇴색되고 있다고 걱정하는 사람들의 안타까워하는 감정에서 비롯되었다. 따라서 탈진실에 대해 이야기하자면 노골적으로 특정한 입장을 지지하지는 않더라도 한 가지 관점을 전제할 수밖에 없다. 바로 오늘날 정치계에서 사실과 진실이 위기에 처했다는 관점이다.

이러한 맥락 때문에 이 책에서는 일반적인 학술 서적에서 기대되는 객관적인 중립성을 찾아보기 어렵다. 사실 탈진실을 중립적으로 다루겠다는 시도 자체가 탈진실의 주된 특징인 기계적 중립성에 빠지는 것이나 마찬가지다. '반대 진영'에 속하는 사람들은 탈진실이 긍정적인 현상이라고 옹호하는 게 아니라 애초에 문제 자체가 존재하지 않는다고 주장하고 있다. 그러므로 그들과 생각을 공유하지 않는 이상 탈진실에 관한 책을 쓸 때는 문제가 존재한다고 전제할 수밖에 없다. 나 역시 솔직한 분석을 내놓기 위해 최선을 다하겠지만 균형 잡힌 태도를 유지하겠다고 장담할 수는 없다. 한쪽이 일방적으로 오류를 범하고 있는데도 양쪽 모두 공정하게 다루는 척해봐야 진실을 외면하게 될 뿐이다.

어떤 사람들은 탈진실이 정말 새로운 개념이냐고 의문을 품기도 한다. 탈진실은 그저 '프로파간다'와 같은 말 아닌가? '대안적 사실Alternative Fact'이라고 부르는 대신 그냥 '거짓'이라고 하면 안 될까? 문제는 그리 간단하지 않다. 물론 (뒤에서 다루겠지만) 오늘날 상황과 유사한 역사적 선례가 없지는 않다. 그럼에도 탈진실을 이미 존재하는 다른 개념으로 축소시켜서는 안 된다. 경험적인 믿음을 형성하는 데에 사실보다 감정이 더 중요하다는 관점은 적어도 미국 정치 무대 기준으로는 처음 등장했기 때문이다.

과거에도 진실 개념 자체가 흔들리는 심각한 위기는 존재했다. 하지만 현실을 정치적 상황에 끼워 맞추기 위해 그런 위기를 대놓고 전략처럼 이용하는 경우는 없었다. 탈진실 문제가 심각한 진짜 이유는 단지 진실이 위협받고 있기 때문이 아니라 탈진실이 정치적 우위를 공고히 하려는 메커니즘으로 활용되고 있기 때문이다. 따라서 탈진실의 핵심을 파악하고자 한다면 반드시 정치적 상황에 주의를 기울여야 한다.

감사의 말

이 책이 나오기까지 도움을 준 여러 사람들에게 감사를 표하고 싶다. 우선 누구보다도 아내 조세핀Josephine에게 진심으로 감사한다. 조세핀은 단지 내가 진심으로 확신하는 일을 하는 것을 보고 싶다는 이유만으로 늘 옆에서 내 생각을 지지해줬다. 이 책을 더 나은 책으로 만드는 데에 조세핀의 조언이 얼마나 큰 역할을 했는지 모른다. 운 좋게도 나에게는 나만큼 철학을 사랑하는 딸과 아들, 루이사Louisa와 제임스James도 있다. 둘은 내가 쓴 원고를 냉정하게 평가해줬다. 형식과 내용 면에서 책을 더 나은 방향으로 다듬을 수 있도록 도와준 둘에게 정말 고맙다.

아끼는 벗 앤디 노먼Andy Norman과 존 헤이버John Haber에게도 특별히 감사를 전한다. 이번 프로젝트를 구체화하는 동안 둘은 아낌없이 조언과 비판을 베풀어주었다. 물론 둘 중 누구도 최종 결과물에 책임이 있는 것은 아니지만, 새로운 아이디어를 구상하고 논박하는 과정에 대한 두 사람의 순수한 애정 자체가 나에게 너무나도 큰 영감이 되었기에 이들에게도 이 책을 헌정하고 싶다. 원고를 읽고 날카로운 피드백을 남겨준 줄리아 로빈슨Julia Robinson과 처음 아이디어를 구상할 때 훌륭한 토론 상대가 되어준 다이애나 로드리게즈Diana Rodriguez에게 감사를 표한다. 또한 가짜 뉴스와 관련해 시기적절한 대화를 나눠준 브라이언 버래시Bryan Barash에게도 정말로 고맙다.

감사하게도 최종 원고를 훌륭하게 검토해준 사람 역시 셋이나 있다. 모두 익명이라 구체적으로 이름을 언급할 수는 없지만, 평가한 내용 하나하나가 원고를 발전시키는 데 큰 도움이 되었다.

마지막으로 편집자 필 로플린Phil Laughlin에게도 큰 빚을 졌다. 로플린이 뛰어난 통찰력으로 나를 이끌어주지 않았다면 이 책은 세상에 나오지 못했을 것이다. 그밖에도 MIT 출판사에서 일하는 뛰어난 직원 모두에게 감사를 전한다. 그들과 함께 책을 출간할 때마다 뿌듯한 마음을 감출 수 없다. 편집부터 디자인, 마케팅, 홍보까지 어느 과정이든 그들과 함께 작업할 때면 언제나 즐거우며 세 번째로 함께한 이번 책은 특히 더 감회가 새롭다. 교열을 봐준 주디스 펠드먼Judith Feldmann에게도 감사 인사를 빼놓을 수 없다. 펠드먼 덕분에 촉박한 일정 속에서도 부적절한 실수를 많이 줄일 수 있었다.

이 책을 읽고 기뻐하는 독자도 있겠지만 분개하는 독자도 있을 것이다. 혹시 그렇다고 할지라도, 혹은 그밖에 다른 실수가 나온다고 할지라도 그 책임은 오로지 나에게 있음을 밝힌다.

차례

제1장

탈진실이란 무엇인가?

What Is Post-Truth?

> 거짓이 판치는 시대에는 진실을 말하는
> 것이 곧 혁명이다.
>
> — 조지 오웰

2016년 그리고 탈진실 현상

2016년 11월, 탈진실 현상을 향한 대중적 관심이 솟구쳤다. '옥스퍼드 영어사전'에서 2016년 올해의 단어를 'post-truth(탈진실)'로 선정했기 때문이다. 단어 사용 빈도가 2015년 대비 스무 배나 증가했으니 당연한 선택으로 보인다. '대안우파alt-right(미국 주류 보수주의의 대안으로서 제시된 우익의 한 부류—옮긴이)'와 '브렉시티어Brexiteer(브렉시트를 옹호하는 사람들—옮긴이)' 역시 최종 후보에 올랐다는 점을 생각해본다면 당시 정치적 분위기가 어땠는지 짐작할 수 있다.

'탈진실'은 그중에서도 전반적인 상황을 폭넓게 아우른다는 점에서 시대 상황을 잘 드러내고 있다. 오늘날 '사실'과 '거짓'의 경계는 모호해졌고 사람들은 추측을 내놓지만 입증 책임을 지지는 않고 있다. 게다가 2016년에 브렉시트 투표나 미국 대선에서 난무한 노골적인 거짓말들은 사람들을 경악하게 만들었다. 당시 후보였던 도널드 트럼프조차 자신이 선거에서 패배한다면 그 이유는 선거가 조작되었기 때문이라고 아무 근거도 없이 주장하는 마당에, 사실이나 진실이 더 이상 무슨 의미가 있었을까?[1]

선거가 끝나자 상황은 더욱 악화되었다. 트럼프는 이번에도 아무런 근거도 없이, 부정 투표를 저지른 수백만 명을 제외하면 사실상 자신이 일반 투표에서도 승리한 셈이라고 주장했다(실제로는 힐러리 클린턴이 일반 투표에서 거의 300만 표를 더 획득했다). 더 나아가 10여 개의 미국 정보 기관에서 만장일치로 내놓은 결론을 무시한 채 러시아 해커들의 대선 개입이 없었다고 주장하기까지 했다.[2] 앞뒤가 맞지 않는 상황이 아무렇지도 않다는 듯 트럼프 참모진 중 한 사람은 "유감입니다만 더 이상 사실 같은 건 존재하지 않습니다."라고 밝혔다.[3]

2017년 1월 20일에 미국의 대통령으로 정식 취임한 후에도 트럼프는 새롭게 거짓말을 늘어놓기 시작했다. 레이건 이래 최대의 선거 승리를 거뒀다고 주장했지만 사실이 아니었다. 또한 자신의 취임식에 모인 인파가 미국 역사상 최대 규

모라고 주장했지만 사진 자료는 물론 당일 취임식 근처 지하
철 이용객 수가 줄었다는 워싱턴메트로의 기록과도 모순되
었다. 뿐만 아니라 CIA 방문 연설을 한 뒤에는 자신이 기립박
수를 받았다고 주장했지만 그는 애초부터 직원들에게 자리
에 앉으라고 권한 적도 없었다.

2월 초에는 미국 살인 범죄율이 47년 만에 최고치라고 주
장했다. 하지만 FBI 표준 범죄 보고서에 따르면 미국의 강력
범죄율은 거의 전례가 없을 정도로 낮았다.[4] 이 발언이 특히
문제가 되는 이유는 공화당 전당대회에서 범죄가 늘고 있다
는 자신의 주장을 뒷받침하기 위해 지어낸 이전의 거짓말을
되풀이하고 있기 때문이다. 이에 대해 CNN 앵커 앨리슨 캐
머로타Alisyn Camerota가 문제 제기를 하자 당시 트럼프의 고문
뉴트 깅리치Newt Gingrich는 카메라를 앞에 두고 어이없는 답변
을 내놓았다.

캐머로타: 범죄율은 하락했습니다. 경기는 회복되고 있고요.

깅리치: 주요 도시에서는 하락하지 않았습니다.

캐머로타: 강력 범죄율, 살인 범죄율은 떨어졌습니다. 하락했
다고요.

깅리치: 그럼 시카고, 볼티모어, 워싱턴에서는 어째서 상승했
습니까?

캐머로타: 물론 살인 범죄에 대처하지 못하고 있는 지역도 분명 있죠.

깅리치: 특히 워싱턴은 우리 수도이자 세 번째로 큰 도시입니다.

캐머로타: 하지만 전국적으로는 범죄율이 하락했습니다.

깅리치: 장담하건대 일반적인 미국인이라면 범죄율이 낮아졌다고, 더 안전해졌다고 생각하지 않을 겁니다.

캐머로타: 하지만 사실이 그런 걸요. 더 안전해졌고 범죄율은 낮아졌습니다.

깅리치: 아뇨, 그건 당신 의견일 뿐이죠.

캐머로타: 의견이 아니라 사실입니다. 국가 기관인 FBI에서 내놓은 사실이라고요.

깅리치: 하지만 제 말도 사실입니다. 진보 진영에서 이론적으로 그럴듯해 보이는 온갖 통계 자료를 제시하지만 인간 세상이 통계 자료 같지는 않다는 게 최신 관점이죠.

캐머로타: 아니, 의장님 잠깐만요. 지금 진보 진영에서 그럴싸한 통계 자료를 사용한다, 신비로운 숫자놀음을 한다고 말씀하시는 건데요. 제가 지적한 건 FBI에서 제시한 자료입니다. 거기는 진보주의 기관이 아니에요. 범죄랑 싸우는 기관이죠.

깅리치: 맞아요. 하지만 제가 말한 것도 똑같이 사실입니다. 사람들은 예전보다 위협을 크게 느끼고 있어요.

캐머로타: 느끼고 있다, 그렇죠. 느낌일 뿐 사실로 뒷받침되지

는 않죠.

강리치: 저는 공직 후보자로서 사람들 감정을 따를 테니 그쪽은 이론가들 말이나 따르시죠.[5]

조지 오웰의 디스토피아 소설 《1984》 중 애정부Ministry of Love 지하실에서 벌어지는 소름끼치는 대화가 연상될지 모른다. 실제로 어떤 사람들은 오웰의 암울한 전망이 오늘날 그대로 실현되어 권위주의 국가가 확립되고 진실이 첫 제물로서 희생되지는 않을까 두려워하기도 한다.

'옥스퍼드 영어사전'에서는 탈진실을 가리키는 영어 단어 '포스트트루스post-truth'를 "여론을 형성할 때 객관적인 사실보다 개인적인 신념과 감정에 호소하는 것이 더 큰 영향력을 발휘하는 현상"이라고 정의한다. 이때 접두사 '포스트post'는 (전쟁 이후를 뜻하는 '포스트워postwar'와 달리) 시간 순서상 진실 '이후'라는 뜻이 아니라 진실이 무의미할 정도로 '퇴색'되었다는 의미다. 탈진실은 철학자들의 도전 의식을 자극하는 현상이기도 하지만 학문적 논쟁거리를 넘어서는 거대한 문제임을 잊어서는 안 된다.

과거 조지 부시 대통령은 대법관 후보로 해리엇 마이어스Harriet Miers를 지명하거나 대량살상무기가 존재한다는 충분한 증거도 없이 이라크 전쟁을 벌이는 등, 중대한 결정을 내릴 때마다 지나치게 본인의 '직감'에 의존하는 태도를 보였다. 그러자 2005년에 배우이자 방송 작가인 스티븐 콜베어Stephen Colbert는 실제 사실과는 관계없이 사실처럼 느껴지는지에 따라 설득당하는 현상을 가리키기 위해 '사실스러움truthiness'이라는 신조어를 만들었다. 당시에는 사람들이 그 말을 우스운 농담거리로 여겼지만 이제는 더 이상 그냥 웃어넘기지 못한다.[6]

브렉시트를 앞둔 영국에서는 홍보용 버스 수백 대가 영국이 유럽연합에 매주 3억 5,000만 유로를 지급하고 있다는 허위 사실을 퍼뜨렸다.[7] 헝가리, 러시아, 터키에서도 유세 기간에 정치인들이 유권자들을 상대로 거짓 정보를 퍼뜨리는 사례가 증가했다. 이런 분위기 속에서 탈진실은 점점 더 많은 사람들이 거리낌 없이 현실을 왜곡해 자기 생각에 끼워 맞추려고 애쓰는 세계적인 트렌드로 자리 잡고 있다. 이는 진실이 중요하지 않다고 외치는 캠페인 정도로 끝나지 않는다. 정치적 맥락에 따라 어떤 사실이든 마음껏 선별하고 수정할 수 있다는 신념으로까지 이어진다. 일례로 트럼프 수석고문인 켈리앤 콘웨이Kellyanne Conway는 백악관 공보비서인 션 스파이서Sean Spicer가 취임식 관중 규모를 부풀려 말한 것이 '대안적 사실'이라고 주장했다.[8] 정작 트럼프 본인은 미국 공원관리국 공식 사진에서 자리가 수천 개나 비어 있는 걸 보고

20

는 언짢아했지만.

　그렇다면 탈신실은 그저 거짓말에 불과한 걸까? 정치적 화술에 지나지 않는 걸까? 엄밀히 따지면 그렇지 않다. 최근 탈진실 논쟁에서 드러나고 있듯이 '탈진실'이라는 표현은 그 자체로 규범적이다. 진실이 공격받고 있다고 느끼는 사람들의 염려가 담긴 표현이기 때문이다. 하지만 진실이 그저 '다른 쪽 이야기'에 지나지 않는다고 생각하는 사람들도 있지 않은가? 그들 주장대로 정말 대안적 사실이 존재하는 것은 아닐까? 실제로, 객관적인 진리가 단 하나 존재한다는 입장은 늘 논란을 벗어나지 못했다. 또한 대안적 사실을 인정한다고 해서 꼭 보수적이라거나 진보적이라고 말할 수 있을까? 지난 수십 년 동안은 상대주의나 포스트모더니즘을 바탕으로 대개 진보 진영에서 진실 개념을 공격해왔으나 최근에는 보수 진영 정치인들이 그 뒤를 이어받았다는 점에서 양쪽 다 혼재되어 있다고 보아야 하지 않을까?

진실과 거짓말

　철학에서 진실 개념의 기원은 플라톤 시대까지 거슬러 올라간다. 플라톤은 알지도 못하면서 안다고 거짓 주장하는 태도가 위험하다고 경고했다. 소크라테스가 가르친 대로, 무지는 해결할 수 있는 문제이기 때문이다. 무지한 사람이 있다면 지식을 가르치면 된다. 오히려 정말 심각한 문제는 이미 진리를 알고 있다고 자만하는 태도에서 비롯된다. 그러다 보면 충동적으로 잘못된 지식에 따라 행동할 수 있기 때문이다.

이제 '진실'이 무엇을 뜻하는지 간단하게 짚고 넘어가자. 이에 대해서는 아마도 아리스토텔레스의 견해가 가장 유명할 것이다. 아리스토텔레스는 참과 거짓을 이렇게 정의한다. "존재하는 것에 대해 존재하지 않는다고 말하거나 존재하지 않는 것에 대해 존재한다고 말한다면 거짓이다. 반면 존재하는 것에 대해 존재한다고 말하거나 존재하지 않는 것에 대해 존재하지 않는다고 말한다면 참이다."[9] 어떤 진술이 현실에 얼마나 잘 들어맞는지를 가지고 참인지 거짓인지 판단한다는 것이다. 물론 철학자들은 이러한 대응 이론이 옳다고 할 수 있는지 여러 세기에 걸쳐 논쟁해왔다. 진실이 하나의 가치로 의미가 있다는 데에는 학자들 사이에 이견이 없지만 어떤 진리관이 타당한지에 대해서는 견해가 다양하다. 실제로 저명한 진리 이론 가운데에는 대응론 외에도 정합론, 실용론, 의미론 등 여러 관점이 존재한다.[10]

하지만 지금 당장 우리가 집중해야 할 일은 어떤 진리 이론이 타당한지 따지는 것이 아니라 사람들이 어떤 다양한 방식으로 진실을 전복시키는지 이해하는 것이다.

첫 번째는 본인 의도와 관계없이 실수로 진실이 아닌 말을 내뱉는 경우를 생각해볼 수 있다. 이때 화자는 고의가 없었다는 점에서 '거짓말을 한 것'이 아니라 '거짓인 말을 발화'했을 뿐이다.

다음으로는 진위 여부를 모르는 정보를 확인해보지도 않고 진실인 것처럼 말하는 '의도적 인식 회피'가 존재한다. 진짜인지 가짜인지 검증할 방법이 있는데도 그렇게 하지 않고 거짓인 말을 발화한다면 화자는 자신의 무지에 대해 부분적으로라도 책임을 져야 한다. 게으른 사람이라는 비난을 받더라도 부당하다고 주장할 수는 없을 것이다.

마지막으로는 다른 사람을 속이려는 의도를 가지고 거짓인 진술을 하는 '거짓말'이 존재한다. 자신이 하는 말이 진실이 아님을 알고 있으면서도 다른 사람을 기만한다는 점에서 앞의 단계들과는 확연히 다르다. 당연히 모든 거짓말에는 청자가 전제되어 있다. 자신의 말을 아무도 듣고 있지 않다면 (혹은 듣더라도 아무도 믿지 않는다고 확신한다면) 거짓을 말하더라도 죄책감을 느끼지 않을 것이다. 하지만 진실이 아닌 말을 다른 사람으로 하여금 믿게 만들려는 의도가 개입하는 순간, 단지 다른 해석을 내놓은 사람이 아니라 사실을 왜곡한 사람이 된다. 탈진실 역시 이러한 선상에서 이해해야 한다.

물론 세 단계 사이의 경계는 모호하며 한 단계가 자연스럽게 다른 단계로 이어지기도 한다. 미국의 국가안보보좌관 내정자와 러시아 대사가 취임 전부터 내통한 적이 있다는 주장에 대해 트럼프가 처음 부인했을 때만 하더라도, 그가 의도적 인식 회피 수준에 머물러 있다고 말할 수 있었다. 하지만 정보 기관들로부터 상황을 정확히 보고받았다는 사실이 밝혀졌음에도 트럼프가 보름 이상 혐의를 부인하자, 그가 국민을 속이려는 의도를 품고 있다고 의심할 수밖에 없게 되었다. 그에 더해 트럼프가 수백만 건의 부정 투표만 아니었다면 자신이 일반 투표에서도 승리했을 것이라고 반복해서 주장하자, 《뉴욕타임스》는 트럼프 취임 3일 만에 대통령이 거짓말을 했다는 대담한 헤드라인을 내보냈다.[11]

사람들이 진실을 대하는 방식에는 그밖에도 흥미로운 양상이 존재한다. 철학자 해리 프랭크퍼트Harry Frankfurt는 유쾌하고 대범하면서도 엄밀함을 놓치지 않은 저서 《개소리에 대하여On Bullshit》에서, 누군가가 개소리를 한다고 해서 그것이 꼭 거짓말을 한다는 뜻은 아니며 단지 무엇이 사실인지 전혀 관심이 없다는 뜻일 수 있다고 지적한다. 트럼프 역시 그런 부류의 사람인 것일까? 좀 더 당파적인 입장에서 진실을 대하는 경우도 있다. 예컨대, 깅리치가 살인 범죄율에 대해 FBI 통계보다 대중의 감정이 중요하다고 주장한 것은 그저 자신들의 이익을 추구한 것일 수 있다. 깅리치는 탈진실 현상을 간접적으로 부추기는 조력자가 된 셈이다. 이처럼 자신이 무슨 일을 벌이고 있는지 (다른 사람들만큼) 잘 알고 있으면서도 자신에게 가장 유리한 방향으로 진실을 왜곡하는 정치꾼들은 그저 '개소리'를 하고 있는 것이 아니다. 대중에게 특정한 영향을 미치려는 의도를 명확히 가지고 있기 때문이다.

한편 탈진실은 더욱 악랄한 형태로 나타나기도 한다. 사람들이 자기기만과 망상에 빠져 진실이 아닌 말을 진심으로 진실이라고 믿어버리는 경우다. 이때는 신뢰할 만한 출처라고 할지라도 논란을 피해 가지 못한다. 이처럼 탈진실 현상이 극단적인 수준에 이르면, 사람들은 대중의 반응이 '실제로' 사실 여부를 바꿀 수 있다고 착각하게 된다. 전문가들은 트럼프가 이 중 어떤 부류에 속하는지를 두고 논쟁을 벌일지도 모른다. 다른 사람을 속이려는 것일까, 사실 여부에 무관심한 것일까? 자기 이익을 구하려는 것일까, 자기기만에 빠진 것일까? 어느 쪽이든 간에 진실을 위협한다는 점에서 탈진실에 속하는 것은 분명해 보인다.

나 역시 철학자로서 온갖 형태의 탈진실을 마주할 때마다 안타까움을 감출 수 없다. 물론 탈진실이 나타나는 양상이 다양하다는 점을 이해하면서 각각 어떤 차이가 있는지 분명히 밝히는 것도 중요하겠지만, 진실을 진심으로 존중하는 사람으로서 어떤 종류의 탈진실도 무시할 수 없기 때문이다. 실제로 인식 회피, 거짓말, 이기심, 무관심, 정치기술, 자기기만 등 각각의 양상을 설명하는 일은 그리 까다로운 부분이 아니다. 이미 여러 세기 전부터 목격해온 현상들이기 때문이다. 탈진실 시대에 새롭게 나타난 중요한 문제는 현실을 파악할 수 있는지는 물론 애초에 현실 자체가 존재하는지에 대해 의문이 제기되고 있다는 점이다. 개인이 잘못된 정보를 믿거나 오해를 저지르는 경우에는 그 개인이 대가를 치르면 된다. 예컨대, 누군가 심장병을 고칠 수 있는 신약이 나올 것이라고 착각하더라도 결과는 본인 병이 낫지 않는 데에서 끝난다. 하지만 사회의 리더가 혹은 사회의 다수가 기본적인 사실들마저 부정해버린다면 세계가 뒤흔들리는 결과가 초래될 수 있다.

남아프리카공화국 대통령을 지낸 타보 음베키Thabo Mbeki는 항레트로바이러스제가 서구권 국가들이 꾸며낸 계략에 불과하며 에이즈를 치료하려면 마늘즙과 레몬즙을 사용해야 한다고 주장했다. 그 결과 30만 명이 넘는 사람들이 목숨을 잃었다.[12] 트럼프 대통령은 기후변화가 중국 정부가 미국 경제를 파탄내기 위해 고안한 사기극이라고 주장하고 있다.[13] 장기적인 결과는 최소한 음베키 때만큼이나 파괴적일 것이다. 단지 터무니없는 주장을 한다고 문제 삼는 것이 아니다. 자신이 진실이라고 믿고 싶은 사실이 다른 어떤 사실보다 중요하다고 생각하는 전반적인 분위기가 문제다. 기후변화를 부정하는 사람들은 모든 사실 일체를 부정한다기보다는 자신의 이데올로기를 정당화할 수 있는 사실만 선별해서 받아들이려고 한다. 여느 음모론자들처럼 자신에게 이중 잣대를 들이댈 권한이 있다고 생각하는 것이다. 예를 들어, 그들은 세계 곳곳의 기후학자들이 기후변화의 증거를 부풀리기 위해 공모하고 있다고 아무 근거도 없이 비난하면서도, 지난 20년 간 평균 기온이 오르지 않았다고 주장하는 연구처럼 자신들에게 유리한 기후 자료는 콕 집어서 활용한다.[14]

이처럼 진실을 부정하는 사람들은 자신이 믿고 싶지 않은 사실에는 지나치게 높은 검증 기준을 들이대는 반면 자기 의견에 부합하는 사실은 덮어두고 맹신한다. 자신의 신념을 뒷받침하는 사실만 진실로서 받아들이는 것이다.[15] 결과는 일부 사실들이 버려지는 것으로 끝나지 않는다. 신뢰할 만한 방식으로 사실을 수집하고 활용함으로써 세계에 대한 믿음을 구축하는 과정 자체가 변질된다. 어떤 사실들은 개인의 감정과는 무관하게 참이며 그처럼 참인 사실들을 찾으려고 노력할 때 정치인들은 물론 우리 모두에게 최선의 이익이 된다는 생각이 흔들리게 된다.

예전에 이 주제를 다룰 때, 오래 전부터 여러 진리를 깨닫게 해준 과학적 탐구 방법론을 받아들임으로써 진실을 존중해야 한다고 설명한 적 있다.[16] 진실이 아무런 의미가 없다거나 진실이 존재하지 않는다고 주장하는 사람과는 이렇다 할 논의를 진행하기 어렵기 때문이다. 결국 탈진실 현상의 핵심도 여기에 있다. 하지만 옥스퍼드 영어사전에서 탈진실을 어떻게 정의했는지 고려한다면, 또한 최근 공적 영역에서 탈진실 논쟁이 어떤 식으로 이루어졌는지 고려한다면, 탈진실이 '진실이 존재하지 않는다'는 입장이라기보다는 '진실이 개인의 정치적 입장에 종속된다'는 입장이라는 점을 이해할 수 있다.

옥스퍼드 영어사전은 탈진실 현상이 '무엇'인지에 초점을 맞추고 있다. 탈진실이란 감정이 사실보다 중요할 수 있다는 생각을 가리킨다. 하지만 탈진실 현상이 도대체 '왜' 일어나는지 역시 주목해야 한다. 명백한 사실이나 쉽게 확인할 수 있는 사실에 아무 이유도 없이 이의를 제기하는 사람은 거의 없다. 대부분 자신이 얻을 수 있는 이익이 있기 때문에 그렇게 한다. 불편한 진실 때문에 자신의 신념을 포기하느니 차라리 진실에 도전하는 쪽을 택하는 것이다. 이는 의식적인 차원에서도 일어나지만 (때로는 우리가 확신시키고 싶은 대상이 자기 자신이기 때문에) 무의식적인 차원에서도 일어난다. 어느 쪽이든 요점은, 진실 자체보다 중요하다고 생각하는 무언가를 확고히 하고자 할 때 탈진실 현상이 일어난다는 것이다. 결국 탈진실은 일종의 이데올로기적 우월주의나 마찬가지다.

이러한 우월주의를 장착한 사람들은 충분한 근거가 있든 없든 자신의 신념을 다른 사람에게까지 강제로 주입하려고 애쓴다. 그렇게 함으로써 그들은 정치적 우위를 점하고자 한다.

탈진실, 어떻게 대처해야 할까?

우리는 탈진실적인 관점이 정당한지 의문을 제기해야 한다. 실질적으로 효과가 있는 정책이 아니라 사람들 기분만 좋게 만드는 정책이 판을 치는 세상에서 과연 누가 살고 싶을까? 물론 인간이 근거 없는 미신이나 공포를 어느 정도 타고난다고는 하지만, 그렇다고 해서 더 합리적인 검증 기준을 받아들이도록 스스로를 훈련시킬 수 없다는 뜻은 아니다. 또한 인간이 객관적인 진실을 파악할 능력이 있는지 이론적으로는 충분히 의문을 제기할 수 있지만, 그렇다고 해서 인식론이나 비판이론 학자들이 몸이 아플 때 의사를 찾아가지 않는다는 뜻은 아니다. 이와 마찬가지로 정부 역시 범죄율이 상승한다는 '느낌'이 든다는 이유만으로 교도소를 더 짓겠다고 결정할 수는 없다.

그렇다면 우리는 어떻게 대처해야 할까? 탈진실에 맞서 싸우기 위해서는 먼저 탈진실의 기원을 이해해야 한다. 일부 비평가들은 탈진실 개념이 2016년에 갑자기 나타난 것처럼 설

결국 탈진실은 일종의 이데올로기적 우월주의나 마찬가지다. 이러한 우월주의를 장착한 사람들은 충분한 근거가 있든 없든 자신의 신념을 다른 사람에게까지 강제로 주입하려고 애쓴다.

명하지만 실제로는 그렇지 않다. 물론 '탈진실'이라는 표현은 영국 브렉시트와 미국 대선을 거치면서 최근에야 주목을 받기 시작했다. 하지만 탈진실 현상의 기원은 수천 년 전에 인류가 (진보주의자니 보수주의자니 할 것 없이) 비합리적인 인지 능력을 발달시킨 때까지 거슬러 올라간다. 또한 앞서 지적한 대로, 탈진실은 객관적 진리와 과학적 정당성을 두고 벌어진 학문적 논쟁에서 비롯되기도 했다. 이렇게 형성된 탈진실 현상은 오늘날 미디어 환경이 변화를 겪으면서 한층 더 심화되었다. 탈진실의 형성 과정이 이처럼 복잡하기는 하지만, 다행히 우리에게는 현상을 이해하는 데 도움이 되는 로드맵이 준비되어 있다.

지난 20년 동안 점점 더 많은 사람들이 기후변화, 백신, 진화론과 같은 과학적인 사실을 부정하기 시작했다. 바로 이때 현재 탈진실주의자들이 사용하는 기본적인 전략들이 탄생했다. 인간 본연의 인지 편향cognitive bias(인간의 판단과 의사 결정이 비논리적인 추론에 따라 이루어지는 경향―옮긴이)을 자극하고 진실에 대해 지엽적인 의문을 제기하며 편파적인 방식으로 미디어를 이용하는 양상이 과거 보수 진영이 과학계를 공격할 때부터 이미 모습을 드러냈다는 뜻이다. 단지 오늘날에는 탈진실이 위협하는 대상이 '과학적 사실'에서 '모든 사실'로 확장되었을 뿐이다. 이전에는 자신에게 불리한 과학 이론에 의문을 제기했다면, 이제는 공원관리국에서 제출한 사진이나 CNN에서 내놓은 영상에도 의문을 제기하고 있다.

　탈진실 현상은 언뜻 낯설고 복잡해 보일 수 있지만 이해하기 어렵거나 불가능한 문제는 아니다. 물론 그렇다고 '트럼프'라는 한 단어로 간추릴 만큼 단순한 문제도 아니다. 진실을 부정하는 정치인들이 아무런 대가를 치르지 않는 세상이 만들어진 이상, 탈진실은 이미 어느 한 사람을 넘어서는 문제로 발전했다. 탈진실 현상은 사회 지도자들뿐만 아니라 우리 모두가 겪고 있다. 한편, 탈진실 현상이 이만큼 성장하기까지는 어느 정도의 시간이 흘러야만 했다. 탈진실을 제대로 이해하려면 오늘날에 이르기까지 탈진실에 영향을 미친 요소들을 하나하나 세심히 들여다보아야 한다는 뜻이다. 영국의 브렉시트 투표와 미국의 대선 투표를 탈진실과 떼어놓고 생각할 수는 없겠지만, 어느 쪽도 탈진실 현상의 원인은 아니었다. 오히려 탈진실이 두 사건의 원인이었다.

제2장

탈진실을 이해하려면
과학부인주의를 보라

Science Denial as a Road Map
for Understanding Post-Truth

사실이 바뀌면 저는 제 생각을 바꿉니다만,
선생님께서는 무엇을 하시는지요?

― 존 메이너드 케인스

과학 이론은 진리가 아니다

지난 수십 년간 과학계가 겪어온 일은 탈진실 현상의 예
고편과 같았다. 한때 방법론 면에서 권위를 인정받았던 과학
연구는 이제 연구 결과에 동의하지 않는 수많은 비전문가들
로부터 공공연한 의심을 받고 있다. 물론 과학자 자신들도 늘
서로의 연구를 면밀히 검토하며 의심하지만 비전문가들이
제기하는 의혹은 그와는 성격이 다르다.

어느 과학자가 새로운 이론을 제시하는 경우, 학계에서는
해당 논문을 심사하고 동일 조건하에서 실험을 반복하며 동
료 학자들로 하여금 철저한 사실 확인 절차를 거치게 한다.

물론 아무리 세심하게 주의를 기울이더라도 실수는 발생할 수 있다. 하지만 이 과정에 적용되는 원칙들은 모두 '과학 이론의 가치를 평가할 때 제일 중요한 요소는 곧 경험적 증거'라는 과학적인 가치관을 따르고 있다는 점에서 꽤 투명하다고 할 수 있다. 절차가 지나치게 엄격하다고 느낄 수도 있겠지만, 가능한 한 양질의 연구만 통과시키기 위해서는 반드시 거쳐야 하는 과정이다. 따라서 편향된 연구 결과를 초래할 수 있는 요소들(상충되는 이해관계나 연구 자금의 출처 등)이 심사 과정에서 충분히 밝혀지지 않는 경우, 학계에서는 이를 매우 심각한 문제로 받아들인다.

　과학계에서 이처럼 높은 수준의 자기 검토 과정을 거치는데도 불구하고 비전문가들이 연구 결과에 의혹을 제기하는 이유는 무엇일까? 정말 과학자들이 검증에 해이하다고 생각하기 때문일까? 많은 경우 이는 겉으로 내놓는 변명일 뿐이다. 실제 이유는 학계에서 내린 결론이 자신들의 이념과 상충되기 때문이다.[1] 어떤 경우에는 과학자들의 의도와 경쟁력에 의문을 제기하는 것이 자신들에게 이득이 된다고 판단하기도 한다. 바로 이 지점에서 '과학부인주의science denialism(널리 인정받는 과학적 사실의 존재 자체를 부정하거나 과학적인 연구 방식의 정당성을 부정하는 태도—옮긴이)'가 탄생한다.

　특정 연구 결과를 싫어하는 사람들이 흔히 펼치는 논리 중

하나는 연구자들이 편향되어 있다고 주장하는 것이다. 이는 연구자의 비실증적인(종교적이거나 정치석인) 신념이 실증적인 탐구 과정에 악영향을 미치지는 않았는지 주의를 기울인다는 점에서 높은 과학적 표준을 존중하는 태도처럼 보일지도 모른다. 하지만 안타깝게도 많은 경우 그들의 동기는 과학적 존중심과는 거리가 멀다. 오히려 연구 결과를 비판하는 비전문가들은 대부분 겉으로는 '개방성'과 '공정성'을 명분으로 내세우지만 실제로는 아무렇지도 않게 자신만의 이념적인 잣대를 객관적인 탐구 과정에 들이민다. 과학의 공정성에 대한 신뢰를 약화시키고, 실증적인 탐구 방식이 가치중립적일 수 있는지에 대해 의문을 제기함으로써 자신에게 유리한 상황을 만들려는 것이다. 일단 대중에게 의심을 퍼뜨리고 나면 사람들이 '다른 가능성'을 고려하도록 만드는 데에는 그리 많은 노력이 들어가지 않는다. 어차피 '모든' 과학 이론이 편향될 수밖에 없다고 의심하는 사람 입장에서는 주관적인 이념이 뒤섞인 이론이라고 해서 배제해야 할 이유는 없기 때문이다.

좀 더 지능적인 사람들은 "저명한 과학자들조차 높은 과학적 표준에 고착하지는 않는다."고 비판한다. 실제로는 과학자도 자신에게 유리한 대로 연구를 진행하지만 속이 좁아서 그 사실을 인정하려들지 않는다는 것이다. 이러한 모함은 과학 연구가 진행되는 방식에 대한 순진한 오해(혹은 의도적인 왜

곡)에서 비롯된다. 그들은 연구자가 충분한 증거를 수집하기만 한다면 이론을 증명할 수 있을 것이라고 착각한다. 하지만 과학 연구는 그런 식으로 이루어지지 않는다. 아무리 훌륭한 증거를 제시한다고 해도 과학 이론을 진리라고 입증할 수는 없다. 아무리 엄밀히 이론을 검증한다고 해도 '이론은 그저 이론일 뿐'이다.[2] 논리적으로는 언제든 새로운 데이터가 등장해 이론을 반증할 가능성이 존재한다. 그렇다고 과학 이론이 정당성이 떨어진다거나 신뢰할 만한 가치가 없다는 뜻은 아니다. 과학자가 아무리 강력한 설명을 내놓더라도 그것이 '진리'로 받아들여질 수는 없으며 단지 증거를 기반으로 보증된 '믿음'에 불과하다는 뜻이다. 어떤 사람들은 이러한 과학 논증의 약점을 지적하면서 자신들도 진정한 과학자가 될 수 있다고 주장한다. 과학이 정말로 열린 공간이라면 자신들이 제시하는 대안 이론 역시 간과해서는 안 된다는 것이다. 그들은 "어떤 이론이 완벽하게 증명되지 않은 이상 경쟁 이론은 언제나 참이 될 가능성이 있다."고 주장한다.[3]

하지만 과학자들은 과학이 전제하는 인식론적 한계를 전혀 부끄러워할 필요가 없다. 오히려 진실을 탐구하는 사람이 갖춰야 할 미덕으로 여겨야 한다. 어떤 과학 이론이 증거를 기반으로 충분히 보증될 수 있다는 것은 결코 하찮은 일이 아니다. 사실 실증적인 방법론이 지닌 높은 표준을 기꺼이 받아들이는 사람이라면 과학 이론을 대체하겠다고 등장한 유사과학 이론에도 동일한 입증 책임을 요구해야만 한다. 설령 '논리적 증명'까지는 아니더라도 '증거'가 필요하다는 점을 인정한다면 과학을 부정하는 사람에게도 "당신의 증거는 어디 있나요?"라고 질문할 수 있어야 한다. 하지만 그처럼 엄격한 기준을 들이댈 때마다 과학부인주의자들은 늘 흐지부지 대답을 회피한다. 그럼에도 불구하고 과학이 작동하는 원리를 전혀 또는 거의 알지 못하는 사람들은 진화를 '증명'할 수 없다는 사실(엄밀히 따지면 지구가 둥글다는 명제조차 증명할 수는 없다)이 과학의 심각한 결함이라고 착각하면서 대안 이론을 꺼내 들 준비를 한다.[4]

최근 기후변화 이슈만큼 이러한 양상을 잘 보여주는 사례는 없을 것이다. 지구의 기온이 상승하고 있으며 주된 원인 제공자가 인간이라는 주장에 거의 모든 과학자들이 동의하고 있는데도, 과학부인주의자들의 속임수에 넘어간 대중은 학계에서 기후변화가 정말 일어나고 있는지에 대해 뜨거운 논쟁이 벌어지고 있다고 착각한다. 기후변화 이슈 자체에 대해서는 이미 여러 책에서 깊이 있게 다뤄왔다.[5] 따라서 여기에서는 이슈를 간단하게만 짚고 넘어가고, 대신 전반적인 과학부인주의 현상을 이해하는 것이 탈진실 현상을 이해하는 데에도 도움이 된다는 사실을 강조하고자 한다. 그러기 위해서 좀 더 과거로 돌아가 1950년대를 되짚어볼 필요가 있다. 바로 이 시기에 담배 회사들은 "담배가 폐암을 유발한다."는 주장에 의심을 불러일으키는 것이 담배 회사에 이익이 된다는 사실을 깨달았고, 그 결과 과학부인주의가 본격적으로 싹트기 시작했기 때문이다.

의혹을 팝니다

과학부인주의는 경제적인 이유나 이념적인 이유 때문에 발생한다. 일반적으로는 가진 것을 잃기 싫어하는 자들이 처음 의혹을 던지면 역정보misinformation(고의적으로 유포된 잘못된 정보—옮긴이)를 퍼뜨리는 데 혈안이 된 정치꾼들이 바통을 이어받는 식이다. 경제적 이해관계와 탈진실적 정치관 사이의 연관성은 아리 레이빈하트Ari Rabin-Havt의 《거짓말 주식회사Lies, Incorporated》에서도 깊이 다뤄진다. 레이빈하트는 기후변화, 총기 규제, 이주 정책, 의료보험, 국가 부채, 선거 개혁, 낙태, 동성 결혼 등 다양한 영역에서 오늘날과 같은 정치 구도가 만들어지기까지 기업의 로비 활동(결국 거짓말)이 얼마나 큰 영향을 미쳐왔는지 설명한다.[6]

실제로 여러 뛰어난 학자들은 과거 담배 논쟁에서 어떻게 과학부인주의가 탄생했는지 설명해왔다. 예를 들어 《의혹을 팝니다》에서 나오미 오레스케스Naomi Oreskes와 에릭 콘웨이 Erik Conway는 담배산업연구위원회Tobacco Industry Research Committee 과학자들이 꾸며낸 술책이 과학부인주의의 핵심 원리로 발전해가는 과정을 서술한다.[7] 이 이야기에서 후반부에 파생되어 나오는 정치적 측면 대신 경제적 측면에 주의를 기울여보면, 정치적 의도에서 비롯된 것처럼 보이는 반대 논리가 때로는 금전적 이해관계에 뿌리를 두고 있다는 점을 이해할 수 있다. 사실 기후변화의 진실성에 대한 반발 여론이 지금처럼 극심한 이유도 석유 기업들의 후원이 있기 때문이다. 뒤에서 다룰 가짜 뉴스 이슈 역시 지금은 전면적인 정보 공작 사태처럼 보이지만 원래는 클릭 수를 높여 이윤을 얻으려는 낚시 기사에서 비롯된 문제였다.

담배 논쟁 이야기는 1953년 뉴욕 시 플라자호텔Plaza Hotel에서 시작되었다. 여기에서는 주요 담배 회사 수장들이 머리를 맞대고 모여 대책을 궁리하고 있었다. 얼마 전 담배의 타르 물질이 실험용 쥐에서 발생한 암과 관련되어 있다는 충격적인 논문이 발표되었기 때문이다. 모임의 리더는 PR계의 신화로 알려진 존 힐John Hill이었다. 그는 어느 담배 회사의 제품이 덜 유해한지를 가지고 논쟁을 벌이는 대신 담배 회사들이 다 같이 연합해 추가적인 연구를 지원함으로써 과학에 맞서 싸우자고 제안했다. 이에 동의한 담배 회사 수장들은 힐이 설립한 담배산업연구위원회의 주관 아래 연구를 지원하기 시작했다. 담배산업연구위원회는 대중이 다음과 같은 확신을 갖도록 만들고자 했다. 첫째, 흡연이 암을 유발한다는 '직접적인 증거'는 존재하지 않는다. 둘째, 흡연과 암의 상관관계를 지적하는 기존 논문에 수많은 과학자들이 문제를 제기하고 있다.[8]

힐의 전략은 적중했다. 담배산업연구위원회는 과학이 담배와 암 사이의 확실한 연결고리를 제시하지 못했다고 비판하면서(물론 '담배'와 '암' 대신 다른 어떤 변수를 집어넣더라도 과학적으로 확실한 연결고리 같은 것은 나오지 않는다.)[9] 수많은 신문에 전면광고를 내걸었다. 4,300만 명에 이르는 사람들이 이 광고를 보게 되자, 과학적으로 거의 매듭이 지어진 문제가 다시 혼란과 의혹에 휩싸이게 되었다. 이에 대해 레이빈하트는 이렇게 지적한다.

담배산업연구위원회가 설립된 이유는 흡연이 암을 유발한다는 과학적 합의에 의혹을 제기하기 위해서였다. 그렇게 함으로써 언론으로 하여금 담배의 위험성에 대해 두 가지 입장이 존재하며 두 입장 모두 똑같이 중요하게 다뤄야 한다고 착각하게 만들었다. 궁극적으로는 정치인들이 담배 회사의 경제적 이익에 타격을 입힐 근거를 찾지 못하게 만들었다.[10]

담배 회사에 불리한 후속 연구가 계속해서 나왔는데도 담배 논쟁은 이후 40년 동안 지속되었다. 그러다가 1998년이 되어서야 비로소 담배 회사들은 이후 소송으로부터 보호받는 대신 2,000억 달러를 배상하기로 합의했다. 또한 이와 함께 담배산업연구위원회 계승을 포기했으며 그들이 그때까지 줄곧 '진실'을 알고 있었음을 보여주는 내부 문서 수천 건을 공개했다. 합의를 마치고 자유를 얻은 담배 회사들은 대중이 담배의 위험성을 충분히 인지하고 있다는 전제하에 계속해서 세계 시장에 담배를 판매했다.

담배 회사들은 어째서 이런 일을 벌인 것일까? 40년 동안 벌어들인 수익이 그간 발생한 비용보다 훨씬 높았던 것이 분명하다. 그러다가 부인할 수 없는 증거들이 등장하고 본격적으로 소송이 시작되자 그들은 다시 계산기를 두드렸고 앞으로 벌어들일 기대 수익이 2,000억 달러에 이르는 합의금보다 훨씬 높다는 사실을 확인했다. 물론 10년이 채 지나지 않아 담배 회사들은 1953년부터 '흡연과 암의 상관관계가 크다'는 사실에 대해 알고 있던 것을 감추기 위해 공모했다는 이유로 공갈 매수 및 부패 조직 처벌법에 따라 유죄 판결을 받았다.[11]

하지만 시야를 담배 논쟁이 아니라 과학부인주의로까지 넓혀서 본다면 문제는 여기서 끝나지 않는다. 과학자들과 끝장을 보려는 사람들이 담배 논쟁에서 제시된 청사진을 이어

받았기 때문이다. 《의혹을 팝니다》에서는 이 청사진에 대해 자세히 다룬다. 오레스케스와 콘웨이가 제시하는 증거에 따르면, 여타 과학부인주의자들뿐만 아니라 담배 논쟁에 관여했던 사람들까지도 '담배 전략'을 물려받았다.[12] 1969년에 한 담배 회사 중역이 남긴 악명 높은 내부 문건에는 이런 내용이 적혀 있었다.

"우리는 의혹을 팝니다. 대중의 정신에 박혀 있는 '사실의 실체'에 맞서려면 의혹만 한 게 없기 때문이지요."[13]

비법은 분명했다. 자신만의 전문가를 구해 연구를 지원하자. 언론에 양쪽 입장을 다 들어봐야 한다는 인상을 남기자. 홍보 및 로비 활동을 통해 자기 입장을 밀어붙이자. 그로 인해 야기되는 혼란을 활용해 문제 삼고 싶은 연구 결과에 의문을 제기하자.

오레스케스와 콘웨이의 설명대로 이러한 전략은 전략방위계획, 핵겨울, 산성비, 오존홀, 지구온난화 문제 등 여러 과학적 '논쟁'에 활용되었다.[14] 심지어 담배 회사들까지 이러한 논쟁을 재정적으로 지원했다. 2000년대 초반에 기후변화 문제가 당파적인 이슈로 부상했을 때에는 기업 자금을 기반으로 한 과학부인주의가 기름칠 잘 된 기계처럼 매끄럽게 작동하기 시작했다.

청부받은 전문가들은 가짜 연구를 진행해 논란거리를 만들어 냈다. 청부받은 선동가들은 TV에 나와 반복적으로 반대 논리를 제시했고 이는 소셜미디어를 통해 널리 퍼졌다. 필요한 경우에는 논란이 대중의 의식 속에 각인될 수 있도록 광고까지 제작되었다.[15]

과학적 논란이야 지어내면 되는데 왜 굳이 시간을 내서 조사를 해야 할까? 의견을 널리 퍼뜨리려면 언론을 위협하거나 대대적인 홍보를 활용하면 되는데 왜 굳이 심사 과정을 거쳐야 할까? 정부 관리들이 '올바른' 결론을 내리기를 바란다면 기업 자금을 투자하면 되는데 왜 굳이 가만히 앉아서 기다려야 할까? 이러한 발상들은 이미 충격적일 정도로 냉소적이지만 사실 오늘날 탈진실이 도래하기까지 겪어온 중간 과정에 불과했다. 2016년 이후로는 메모가 유출이 되거나 실수로 불리한 진술을 하거나 모순된 발언을 한 영상이 증거로 나와도 전혀 걱정할 필요가 없었다. 어차피 진실 개념 자체가 의문에 휩싸였기 때문이다. 과학부인주의자들은 어떻게 상황을 여기까지 끌고 올 수 있었을까? 그것은 그들의 전략이 지구온난화 이슈를 중심으로 벌어진 전투에서도 대성공을 거둔 덕분이었다.

기후변화에서 그 너머까지

현대 과학을 부정하는 움직임 중 가장 지독한 사례를 꼽자면 그건 아마 지구온난화 이슈일 것이다. 인류가 기후변화를 초래했다는 강력한 과학적 증거를 반박하기 위해 과학부인주의자들이 어떤 식으로 '회의주의'라는 술책을 활용했는지는 앞서 언급한 대로 이미 수많은 문헌에서 자세히 설명하고 있다. 《의혹을 팝니다》에서 오레스케스와 콘웨이는 오늘날 '지구온난화 논쟁'이 사실상 1950년대 '담배 논쟁'의 연장선상에 있다고 주장한다. 자금의 출처가 담배 회사에서 석유 회사로 바뀌고, 싱크탱크 역할을 하는 곳이 담배산업연구위원회에서 하트랜드연구소Heartland Institute로 바뀌었을 뿐이다. 씁쓸하게도 초창기에 하트랜드연구소를 후원한 곳은 거대 담배 회사 필립모리스Philip Morris였다.[16] 이후로는 당연하게도 거대 석유 기업 엑슨모빌Exxon Mobil이나 석유 재벌 코크 형제 Charles Koch, David koch 등이 연구소를 꾸준히 지원해왔다.[17]

하트랜드연구소는 1998년에서 2010년 사이에 엑슨모빌로부터 730만 달러가 넘는 지원을 받았으며, 1986년에서 2010년 사이에 코크 형제 산하의 재단들로부터 1,440만 달러에 이르는 지원을 받았다. 코크 형제는 어마어마한 석유 에너지 생산

지분을 차지하고 있는 기업 코크인더스트리스Koch Industries의 소유주다.[18]

2008년 이후로 엑슨모빌 측에서는 기후변화를 부정하는 기관을 지원하는 일을 중단했다고 주장해왔다.[19] 하지만 지금껏 조사관들이 밝혀낸 바에 따르면, 엑슨모빌이 기후변화에 대한 왜곡된 사실을 퍼뜨리기 위해 돈을 투자한 데에는 다른 이유가 있어 보인다. 만년설이 녹고 난 뒤 북극 지방에서 새로운 유전을 탐사하려는 계획을 세우고 있었기 때문이다.[20] 현재 하트랜드연구소에서는 "우리 연구소가 석유 기업으로부터 자금을 지원받고 있다고 주장하는 사람이 있다면 누구라도 고소할 것"이라고 경고하고 있다. 언제부터인가 자금 출처를 밝히고 있지 않기 때문에 지금으로서는 그들의 말을 믿는 수밖에 없다. 그럼에도 불구하고 한 가지 확실한 것은, 《이코노미스트》가 하트랜드연구소를 "인간이 기후변화를 초래했다는 주장에 의혹을 불러일으키는 독보적인 싱크탱크"라고 소개했을 때 연구소 측에서 이를 아무런 반발 없이 받아들였다는 점이다.[21] 일부 유출 문서를 보면 하트랜드 연구소가 어떤 전략을 활용했는지도 어느 정도 확인할 수 있다. 《뉴욕타임스》는 그 전략이 "공교육에서 지구온난화에 대해 가르치는 내용을 희석시키고 화석 연료가 지구의 장기적인

복지에 위협이 된다는 과학적인 사실에 의혹을 고취시키는 것"이라고 설명한다.[22]

물론 기후변화를 반박하는 기관이 하트랜드연구소만 있는 것은 아니다. 초창기에는 기후위원회Climate Council, 환경정보위원회Information Council on the Environment 등 기업의 후원을 받는 홍보 기관은 물론 에디슨전기협회Edison Electric Group, 전국석탄협회National Coal Association, 서부연료협회Western Fuels Association 등 기업의 지원을 받는 조직도 존재했다. 이들은 담배 논쟁 당시 담배산업연구위원회가 그랬던 것처럼 기후변화 논쟁에서 영향력을 발휘하려고 애썼다.[23] 조지마셜협회George Marshall Institute 역시 2015년에 문을 닫기 전까지 기후변화를 비롯한 여러 과학적 사실(간접흡연, 산성비, 오존홀 문제 등)에 의혹을 불러일으키는 면에서 눈에 띄는 역할을 했다. 물론 조지마셜협회의 경우에는 그 동기가 경제적 이해관계 때문이라기보다는(그렇다고 화석 연료와 관련된 이해 단체로부터 자금을 지원받지 않은 것은 아니다) 정부가 사회 문제에 적극적으로 나서지 말아야 한다는 정치적 이념 때문이라고 추측하는 사람도 있다.[24] 심지어 일부 대학 교수들마저 기후변화에 의문을 제기했다(이들은 하트랜드연구소 행사에 강연을 하러 참여할 때마다 인기 스타 대접을 받았다). 하지만 기후변화에 대한 과학적 합의가 없다거나 기후변화가 정립된 과학이 아니라고 주장하는 것은 말도 안 되는 소리다.

2004년에 연구자들은 당시 기준으로 928편에 이르던 기후변화 논문을 검토한 뒤 리뷰 서적을 발간했다. 이 책에 따르면 당시 논문들 가운데 인간이 기후변화를 초래했다는 사실을 반박하는 논문은 단 한 편도 없었다.[25] 2012년에 다른 연구자들이 진행한 후속 연구에서도 총 1만 3,950편의 논문 중 0.17퍼센트만이 기후변화를 반박하는 논문으로 드러났다.[26] 2013년에는 논문 심사를 거친 논문 중 기후변화에 대한 입장을 확실히 드러내고 있는 논문 4,000편이 조사 대상에 올랐으며 그중 97퍼센트는 인간의 활동이 지구온난화를 유발했다는 입장을 지지하고 있었다.[27] 그럼에도 불구하고 최근 여론조사 결과에 따르면 미국 성인 중 27퍼센트만이 '거의 모든 과학자들이 인간 활동을 기후변화의 주된 원인으로 지적하고 있다'는 사실을 인식하고 있을 뿐이다.[28] 어째서 나머지 사람들은 기후변화가 실재한다는 사실은 물론 과학자들이 기후변화 이슈에 합의점을 가지고 있다는 사실에 대해서도 혼란을 겪는 것일까? 이는 앞서 지적한 것처럼 경제적인 이득을 볼 수 있는 자들이 지난 20년 동안 거리낌 없이 의혹을 날조해왔기 때문이다.

1998년 세계가 중대한 기후협약(교토의정서)을 체결해 온실

가스 배출량을 줄이려는 움직임을 보이자, 미국석유협회Ameri-can Petroleum Institute는 기업 대응책을 논의하기 위해 워싱턴 D.C.의 사무실에서 여러 차례 회의를 진행했다. 회의 참석자 가운데에는 엑슨모빌, 셰브런Chevron, 서던컴퍼니Southern Company 등 미국 최대 석유 기업에서 나온 대표자들이 포함되어 있었다.[29]

앞서 존 힐을 필두로 1953년 회동에 참석했던 담배 회사 수장들이 생각나는 대목이다. 미국석유협회 역시 회의 내용을 비밀에 부치려고 했겠지만, 담배 논쟁 때와는 달리 회의 직후에 내용이 유출되었기 때문에 무슨 이야기가 오갔는지 알기 위해 40년이나 기다릴 필요는 없게 되었다.[30] 사후 기록된 내용 중 일부는 다음과 같다.

◆ 승리를 쟁취하기 위한 조건
- 서민들은 기후과학의 불확실성을 이해해야(또는 인정해야) 한다. 불확실성을 인정하는 것이 '일반적인 통념'이 되어야 한다.
- 언론은 기후과학의 불확실성을 이해해야(또는 인정해야) 한다.
- 언론은 기후과학을 균형 잡힌 시선으로 다뤄야 하며 오늘날

의 '일반적인 통념'에 의문을 제기하는 입장 역시 타당할 수
있다고 인정해야 한다.

- 기업의 고위 임원들은 기후과학의 불확실성을 이해함으로
써 기후 정책을 정하는 사람들에게 더 강력한 목소리를 내
야 한다.
- 과학계에서 기후변화가 실재한다는 입장이 다수라는 논리로
교토의정서를 지지하는 자들은 현실감이 많이 떨어지는 것
으로 보인다.[31]

미국석유협회 행동 강령과 과거 '담배 전략' 사이의 유사
성은 쉽게 무시할 수 없는 수준이다. 유출된 내용을 계속 읽
어보면 목적을 달성하기 위해 이들이 사용한 핵심 전술은 다
음 세 가지로 정리된다.

첫째, 다섯 명으로 이루어진 한 팀의 독자적인 과학자들
을 모집해 언론 활동에 참여할 수 있도록 훈련시킨다. 둘째,
비영리 교육 재단으로서 …… 세계기후데이터센터를 설립한
다. 셋째, 국회의원들을 계몽하고 교육한다. 전부 익숙한 전
술 같지 않은가?

어쨌든 핵심은 미국석유협회의 전략이 일주일도 되지 않
아 완전히 까발려졌는데도 큰 성공을 거뒀다는 점이다. 더 이
상 '사실'은 중요하지 않았다. 언론은 '논란'이 될 만한 어떤

지지자들이 실제 증거보다는 어느 편에 속하는지에 더 관심이 많다
면 '사실'은 '의견'보다 아래에 있는 것이나 마찬가지다.

과학 이슈든 '양쪽 이야기'를 유연하게 전달하도록 길들여졌다. 결과적으로 대중은 혼란을 겪었다. 덕분에 제임스 인호프James Inhofe와 테드 크루즈Ted Cruz 같은 공화당 주요 상원의원들은 물론 신임 대통령 트럼프까지 계속해서 "기후변화는 사기"라고 공언하고 있다.

과학부인주의가 탈진실에 미친 영향

오늘날의 정치인들이 과학부인주의가 남긴 교훈을 놓칠리가 없었다. 이제 자신의 정치적인 술수를 감출 필요조차 없다. 증거를 확인하는 대신 팀을 하나 골라잡기만 하면 되는 당파적인 환경 속에서 잘못된 정보는 공공연하게 퍼져나가고 사실을 검증하는 과정은 쉽게 외면당한다. 새롭게 탄생한 탈진실 세계에서는 자신의 입장을 지지하는 사실만 선택적으로 이용하고 자신의 입장을 지지하지 않는 사실은 완전히 부인하는 것이 현실을 창조해내는 핵심 수단이 되었다. 사실과 진실의 가치를 소중하게 생각하는 사람에게는 충격으로 다가올 수 있겠지만, 정치적인 결과만 생각하는 사람 입장에서 정치적으로 얻는 것도 없는데 굳이 자신의 언행이나 의도를 포장할 필요가 있을까? 수년 간 '출생 음모론(오바마 대통령은 미국 태생이 아니며 대통령 자격이 없다는 주장—옮긴이)'을 조장하고도 대통령에 당선된 트럼프 역시 이를 잘 알고 있었다. 지지자들이 실제 증거보다는 어느 편에 속하는지에 더 관심이 많다면 '사실'은 '의견'보다 아래에 있는 것이나 마찬가지다.

오늘날 탈진실 세계에서 활용되고 있는 전략은 과거 과학적으로 합의된 사실에 도전을 제기하고 승리를 거둔 과학부인주의자들로부터 비롯되었다. 기후변화에 관한 과학적 사실을 부정할 수 있었다면 살인 범죄율에 관한 사실을 부정하지 못할 이유는 어디 있을까?[32] 수십 년 동안 역정보와 의혹을 퍼뜨려 담배와 암 사이의 연관성을 모호하게 만들 수 있었다면 다른 정치적 이슈에도 비슷한 전략을 사용하지 못할 이유가 어디 있을까? 우리 눈앞에 드러나고 있는 대로, 과거든 현재든 다 동일한 동기로 똑같은 전략을 사용하고 있는 것이다. 다만 오늘날에는 진실 자체라는 더 큰 목표물을 대상으로 삼고 있을 뿐이다. 이념이 과학보다 우선하는 세계에서 '탈진실'이라는 운명은 결코 피할 수 없다.

제 3 장

탈진실의 뿌리에는
인지 편향이 있다

The Roots of Cognitive Bias

> 사람들은 자신의 소망과 일치하는 미래만
> 내다보려고 하며 반기기 싫은 진실은 아무
> 리 명백하게 드러나 있다고 할지라도 외면
> 하려고 한다. ─조지 오웰

탈진실 현상의 근원 중 한 가지는 아주 오랫동안 우리와 함께해왔다. 인류 진화 역사 전반에 걸쳐 인간의 두뇌에 자리를 잡아왔으니 가장 오래되었다고 할 수 있다. 바로 '인지 편향'이다. 지난 수십 년 동안 심리학자들은 인간이 생각만큼 합리적인 동물이 아니라는 점을 실험을 통해 보여줬다. 이러한 실험 가운데에는 인간이 예상치 못한 불편한 진실을 마주했을 때 어떻게 반응하는지에 초점을 맞춘 실험도 있다.

인간심리학의 핵심 전제는 인간이 심리적 불편함을 피하려고 애쓴다는 점이다. 자기 자신에 대해 부정적으로 생각하는 것은 썩 유쾌한 일이 아니기 때문이다. 일부 심리학자들은 이러한 행동 패턴을 프로이트 이론에 따라 '자기방어ego defense'라고 정의한다. 하지만 이론적인 틀을 받아들이든 말든 개념은 분명해 보인다. 인간은 실제로는 그렇지 않다고 할지라도 자신이 영리하다고, 박식하다고, 유능하다고 생각할 때 기분이 좋아진다는 것이다. 자신이 사실이라고 믿고 있던 정보가 사실이 아니라는 점이 드러난다면 어떤 일이 벌어질까? 심리적 긴장감이 형성된다. "난 분명 똑똑한 사람인데 어떻게 거짓을 믿을 수 있지?" 이때부터는 아주 강력한 에고를 지닌 사람만이 기죽지 않고 오래 버텨낼 수 있는 자기비판이 시작된다. "난 왜 이렇게 멍청했던 걸까! 정답이 바로 코앞에 있었는데 들여다볼 생각조차 하지 않다니. 나 정말 바보인가 보다." 이러한 긴장감을 해소하려면 많은 경우 자신의 믿음 중 일부를 수정해야 한다.

그런데 이때 어떤 믿음을 수정할 것인지가 매우 중요하다. 일반적으로는 당연히 사실이 아니라고 밝혀진 믿음을 고치리라고 기대할 것이다. 경험 세계에 대해 잘못된 판단을 내렸는데 그 판단이 틀렸다는 것을 보여주는 증거를 맞닥뜨리게 된다면, 충분히 의심할 만한 이유가 생긴 바로 그 믿음을 수정하는 것이 옳다. 하지만 인간이 늘 그런 선택을 내리는 것은 아니다. 믿음 체계를 조정하는 방법은 다양해서, 합리적인 방법도 있지만 비합리적인 방법 역시 존재하기 때문이다.[1]

사회심리학 역사상 유명한 세 가지 고전적 발견

1) 인지부조화 이론

1957년, 레온 페스팅거Leon Festinger는 사회심리학 분야의 선구적인 책 《인지부조화 이론A Theory of Cognitive Dissonance》을 발표한다. 이 책에 따르면, 인간은 자신의 신념과 행동 사이에서 조화로운 지점을 찾으려는 경향이 있으며 이 조화가 무너질 때 심리적 불안감을 겪는다. 또한 이 불안감을 해소하기 위해 인간이 최우선 목표로 삼는 것은 자신의 자존감을 지켜내는 일이다.

페스팅거는 평범한 실험 하나를 진행했다. 실험 참가자들은 극도로 지루한 과제를 수행하는데, 그 대가로 어떤 참가자는 1달러를 받고 어떤 참가자는 20달러를 받았다. 참가자는 과제를 완수한 뒤에 자신의 뒤를 이어 과제를 수행하는 사람에게 과제가 얼마나 재밌었는지 말해주어야 했다. 실험 결과, 1달러를 받은 참가자들은 20달러를 받은 참가자들에 비해 과제가 훨씬 더 재밌었다고 답하는 경향이 있었다.

왜 이런 결과가 나왔을까? 그들의 자존감이 위기에 빠졌기 때문이다. 재미있다고 정당화라도 하지 않으면 도대체 어떤 사람이 고작 1달러에 아무 의미도 쓸모도 없는 일을 하려고 하겠는가? 결국 그들은 자신이 느끼는 부조화를 줄이기 위해 과제가 지루했다는 믿음을 수정한 것이다(반면 20달러를 받은 참가자들은 자신이 왜 과제를 수행했는지 혼란을 겪을 필요가 없었다). 한편 또 다른 실험에서는 실험 참가자가 본인의 신념과 일치하지 않는 시위 팻말을 들고 있어야 했다. 그러자 놀랍게도 참가자들은 점차 팻말에 담긴 주장이 가치 있다고 느끼기 시작했다.

그렇다면 지루한 과제를 수행하거나 팻말을 들고 있는 일보다 훨씬 많은 노력이 필요한 경우에는 어떨까? 예를 들어 특정한 입장에 대해 공개적인 지지를 표명했거나 특정한 신념을 지키기 위해 평생을 바쳤는데 나중에서야 자신의 생각이 틀렸다는 것을 깨닫게 된다면 어떻게 될까? 바로 이 지점에 주목한 페스팅거는 한 연구에서 '시커스The Seekers'라고 불리는 종교 집단의 활동을 분석했다. 이들은 자신들의 지도자 도로시 마틴Dorothy Martin이 외계인으로부터 메시지를 전달받을 수 있다고 믿었으며 1954년 12월 21일에 세계가 종말을 맞이할 때 외계의 존재들이 자신들을 구출하러 올 것이라고 주장했다. 그래서 가진 것을 모두 팔고 산꼭대기에 올라가 종말의 날을 기다렸다. 하지만 외계인은 나타나지 않았고 당연히 세상도 멸망하지 않았다. 이때 느낀 인지부조화는 상당했을 것이다. 그렇다면 그들은 어떻게 대처했을까? 얼마 지나지 않아 도로시 마틴은 새로운 메시지를 들고 왔다. 그들의 믿음과 기도가 너무나 강력해서 외계인들이 계획을 물리기로 결정했다는 메시지였다. '시커스'가 세상을 구원한 것이다.

외부인 입장에서 볼 때는 순진한 바보들의 신념이라고 치부해버리기 쉽다. 하지만 페스팅거를 비롯한 학자들이 추후에 연구한 바에 따르면, 인간은 누구든 어느 정도 인지부조화를 겪기 마련이다. 예컨대, 헬스장 회원증을 등록했는데 헬스장이 너무 멀리 떨어져 있으면 친구들에게 프로그램이 너무 격해서 일주일에 한 번만 헬스장을 가도 된다고 정당화할지 모른다. 유기화학 수업을 들었는데 원하는 성적을 받지 못했다면 애초에 의대를 갈 생각이 없어서 유기화학 성적은 중요하지 않다고 정당화할지 모른다.

하지만 인지부조화의 특성 가운데 결코 간과해서는 안 될 부분이 있다. 주위에 동일한 신념을 가진 사람들이 모여 있을수록 인간의 '비합리적인' 경향이 더욱 강화된다는 점이다. 만약 종말론을 혼자 확신하고 있다가 현실에 직면했다면 자살을 하거나 은둔해버릴지도 모른다. 하지만 잘못된 믿음을 공유하는 사람과 함께한다면 때때로 정말 말도 안 되는 오류마저도 합리화할 수 있다.

2) 집단 동조 이론

1955년, 심리학자 솔로몬 애시Solomon Asch는 획기적인 논문 〈의견과 사회적 압력Opinions and Social Pressure〉을 통해 믿음에 사회적 속성이 존재한다는 사실을 입증했다. 인간은 자신의 믿음이 주위 사람들의 믿음과 조화를 이루지 않으면 설령 감각을 통해 직접 경험한 증거라고 할지라도 외면한다는 것이다. 간단히 말해, 인간은 '집단 압력'의 영향을 받는다. 자신이 가지고 있는 믿음 간에 서로 조화를 이루기 바라는 것처럼 주위 사람들의 믿음과도 조화를 이루기 바라는 것이다.

애시는 이를 증명하기 위해 한 그룹에 7~9명씩 참가자를 모집해 실험을 진행했다. 이때 실험 참가자 한 사람을 제외한 나머지 사람들은 사실 실험에서 발생하는 속임수에 관여하는 '공모자'였다. 속임수에 관여하지 않는 한 명은 순수한 피실험자로서 언제나 탁자 맨 끝자리에 앉도록 설계되었다. 실험이 시작되면 참가자들은 우선 선분 한 개가 그려진 카드를 본다. 그다음에는 선분 세 개가 그려진 카드를 확인하는데 셋 중 하나는 앞에서 본 선분과 길이가 동일하다. 나머지 두 선분은 앞에서 본 선분과 길이가 확연히 다르다. 이제 실험자는 무리 주위를 순서대로 돌면서 각각의 참가자에게 두 번째 카드의 세 선분 중 어떤 선분이 첫 번째 카드의 선분과 길이가 같은지 큰소리로 대답해달라고 요청한다. 처음

몇 번은 공모자들이 정확한 답을 말했고 당연히 피실험자역시 그에 동의했다. 하지만 상황은 흥미롭게 변했다. 공모자들이 만장일치로 명백히 다른 선분을 가리키면서 첫 번째카드의 선분과 길이가 동일하다고 답한 것이다. 다음으로 끝자리에 앉은 피실험자에게 질문이 주어지자 심리적 긴장감이 명백히 드러나기 시작했다. 애시는 상황을 이렇게 묘사한다.

> 익명에 무작위로 선발된 다수가 명백하고도 단순한 사실에 반대하는 입장을 보이자 피실험자는 사실 본인이 정답을 제시하고 있음에도 갑자기 혼자가 되어버렸다는 느낌을 받게 되었다. 피실험자에게는 두 가지 상반된 영향력, 즉 '자신의 감각으로 직접 경험한 증거'와 '동배집단이 만장일치로 동의한 의견'이 동시에 주어진 것이다.[2]

부조화 상황에 놓인 피실험자들은 대답하기 전에 거의 모두가 놀란 표정을, 더 나아가 믿지 못하겠다는 표정을 지었다. 하지만 뒤이어 재밌는 일이 벌어졌다. 피실험자 중 37퍼센트가 다수 의견에 굴복한 것이다. 그들은 계속 집단에 순응하기 위해 눈앞에 놓인 증거를 보고도 무시했다.

3) 확증 편향 이론

1960년, 인간의 비합리성을 보여주는 또 다른 중요한 연구가 심리학자 피터 웨이슨Peter Wason에 의해 진행되었다. 웨이슨의 첫 논문〈인지적 과제를 수행하는 과정에서 가설 제거에 실패하는 현상에 관하여On the Failure to Eliminate Hypotheses in a Conceptual Task〉는 인간이 추론 과정에서 습관적으로 저지르는 논리적·인지적 오류를 처음으로 밝혀내기 시작한 논문이다. 여기서 웨이슨은 탈진실 논쟁에 참여한 사람이라면 거의 모두가 들어봤을 법한 개념을 소개한다. 바로 '확증 편향 confirmation bias(원래 자신이 가지고 있는 생각이나 신념을 확인하려는 경향)' 현상이다.[3] 실험은 정밀한 방식으로 설계되었다. 웨이슨은 대학생 29명을 모집한 뒤 경험적 증거를 바탕으로 규칙을 발견해야 하는 인지 과제를 실시했다. 실험 참가자는 '2, 4, 6'처럼 세 숫자로 이루어진 배열을 확인한 후에 이 숫자 배열의 규칙을 알아맞혀야 했다. 이때 참가자는 자기 스스로 임의의 숫자 배열을 작성한 다음에 실험자에게 그 배열이 규칙을 따르는지 확인받을 수 있었다. 그러면 실험자는 참가자가 작성한 숫자 배열이 그 규칙에 부합하는지 대답해줬다. 이 작업은 얼마든지 반복할 수 있었지만 가능한 한 적은 시도로 규칙을 발견하도록 지시받았다. 실험자에게 보여줄 수 있는 숫자 배열에는 아무 제약이 없었다. 여러 차례 숫자 배열을 제시해 충분히 규칙을 파악했다고 생각한다면 정답을 제시하면 되었다.

하지만 결과는 충격적이었다. 29명 모두가 지적 능력이 뛰어난 참가자였는데도 오직 6명만이 단번에 정답을 맞혔다. 13명은 한 번 오답을 제시한 뒤에, 9명은 두 번 이상 오답을 제시한 뒤에 정답을 맞혔다. 남은 1명은 아예 정답을 제시하지 못했다. 어째서 이런 일이 벌어진 것일까? 웨이슨의 보고에 따르면, 정답을 맞히는 데에 어려움을 겪은 참가자들은 자신의 가설이 정확한지 '검증'할 수 있는 숫자 배열 대신 자신의 가설을 '확증'할 수 있는 숫자 배열을 제시하려는 경향이 있었다. 예를 들어, 실험자가 '2, 4, 6'이라는 숫자 배열을 보여주자 많은 참가자들은 일단 '8, 10, 12'와 같은 연속되는 짝수의 숫자 배열을 작성했고 실험자로부터 규칙을 따른다는 확인을 받았다. 하지만 일부 참가자들은 그 뒤로도 계속 동일한 규칙의 배열을 제시했다. "2씩 간격을 두고 증가하는 세 개의 숫자"라는 규칙을 직관적으로 떠올렸음에도 예측이 틀리지 않았는지 검증하는 대신 14, 16, 18과 같은 계속해서 예측을 확증하는 사례만 제시한 것이다. 이러한 참가자들은 자신의 가설을 반증할 수 있는 사례를 시험해보지도 않았으면서 자신이 최종적으로 제시한 정답이 틀렸다는 사실을 듣고는 충격을 받았다.

13명의 참가자들은 한 번 충격을 받고 나서야 자신의 가설을 검증하기 시작했고 마침내 "어떤 식으로든 오름차순으로 증가하는 세 개의 숫자"라는 정답을 찾아낼 수 있었다. 확증 편향적인 사고방식에서 벗어난 뒤에야 실험자가 제시한 숫자 배열을 만들 수 있는 방법이 한 가지 이상이라는 생각에 닿을 수 있었던 것이다. 하지만 두 번 이상 오답을 제시한 다른 9명의 참가자들은 여전히 설명이 되지 않는다. 어째서 그들은 자신이 제시한 규칙이 오답이라는 증거를 충분히 확인하고도 정답을 찾지 못한 것일까? 왜 '9, 7, 5'와 같은 숫자 배열은 떠올리지 못한 것일까? 웨이슨은 이렇게 추측했다. "그들 스스로는 규칙이 틀렸음을 증명하는 방법을 몰랐을지도 모른다. 혹은 방법은 알고 있으나 실험자로부터 직접적인 대답을 듣는 편이 더 간편하거나 확실하거나 안심이 된다고 느꼈을지도 모른다."[4] 바꿔 말해, 이 시점에는 이미 인지 편향이 확고히 자리를 잡아버려서 아무 답이나 찔러보는 것 말고는 할 수 있는 일이 없었다는 뜻이다.

분명 앞의 세 가지 실험 결과(인지부조화, 집단 동조, 확증 편향)는 모두 오늘날의 탈진실 현상과 관련되어 있다. 오늘날에도 수많은 사람들이 합리적인 표준을 따르거나 높은 증거 기준을 활용하는 대신 자신 혹은 자신이 속한 집단의 직관에 순응하는 방향으로 믿음을 형성하고 있기 때문이다. 물론 탈진실이 1950년대나 1960년대에 등장했던 것은 아니다. 2000년대 초에 극단적인 당파적 편향 현상이나 소셜미디어의 사일로silo (외부와 소통을 차단한 밀폐된 공간을 가리키는 표현—옮긴이)화 현상 등이 폭풍처럼 몰아치면서 탈진실 역시 함께 모습을 드러냈다. 그전까지는 인간의 인지 편향에 대한 충격적인 증거들이 계속해서 밝혀지는 시기였다.

인지 편향에 대한 현대의 연구들

많은 전문가들이 최근 행동경제학 분야에서 발생한 엄청난 혁신들에 주목해왔다. 1970년대 후반, 기존의 신고전주의 경제학에서는 수학적인 이론을 적용하기 위해 경제 주체가 '완벽한 합리성'과 '완벽한 정보'를 가지고 있다는 단순화된 전제를 깔아두고 있었다. 하지만 몇몇 경제학자들은 앞서 등장한 사회심리학의 실험적인 방법론을 지켜본 뒤 그러한 전제에 의문을 제기하기 시작했다. 경제학에서도 좀 더 실험적인 접근법을 사용할 수 있지 않을까?

《똑똑한 사람들의 멍청한 선택Misbehaving:The Making of a Behavioral Economist》에서 저자 리처드 탈러Richard Thaler는 당시 인지심리학 분야에서 거물급 학자로 자리 잡고 있던 대니얼 카너면Daniel Kahneman과 아모스 트버스키Amos Tversky와 협업하기 시작했을 때를 회상한다. 카너먼과 트버스키가 1974년에 내놓은 논문 〈불확실한 상황에서의 판단Judgment Under Uncertainty〉은 인간이 의사 결정 과정에서 저지르는 대표적인 인지 편향 현상 세 가지를 소개함으로써 학계를 사로잡은 바 있었다.[5] 이후로도 두 사람은 선택과 위험성, 불확실성에 대한 연구를 계속 진행하면서 의사 결정 과정에서 벌어지는 비합리적인 현상들을 밝혀냈으며, 이는 다른 여러 학문 분야에도 지대한 영향을 미쳤다. 결국 카너먼은 그 공로를 인정받아 2002년에 노벨 경제학상을 수상했다(트버스키는 1996년에 사망했기 때문에 상을 받을 수 없었다). 카너먼은 자신이 평생 경제학 수업을 들어본 적이 없으며 리처드 탈러를 통해 얻은 지식이 경제학에 대해 알고 있는 전부라고 공언했다.

사람들은 인지 편향 현상에 전례 없는 관심을 기울이기 시작했다. 그 과정에서 우선 누가 처음 발견했는지도 모를 만큼 오래된 사실들이 재조명받게 되었다. 예를 들어, '출처 기억 상실source amnesia(습득한 정보가 무엇인지는 기억하지만 믿을 만한 출처에서 나온 정보인지는 기억하지 못하는 현상)'은 인간이 믿음을 형성하는 방식과 밀접한 관련성을 가진 것이 분명한데도 뒤늦게 주목을 받았다. '반복 효과repetition effect(메시지가 여러 번 반복될수록 메시지를 믿게 될 가능성이 높아지는 현상)' 역시 자동차 판매원이나 히틀러의 선전장관인 파울 요제프 괴벨스Paul Joseph Goebbels가 이미 잘 이해하고 써먹은 내용이었다. 이에 더해 인간이 타고나는 수많은 인지 편향 현상을 새롭게 밝혀낸 연구들 역시 나타나기 시작했다.[6] 그중 탈진실을 설명할 때 가장 중요한 현상을 꼽아야 한다면 확증 편향의 뒤를 이어 밝혀진 두 가지 편향 현상을 떠올릴 수 있다. 바로 의도적 합리화motivated reasoning 개념에 뿌리를 두고 있는 '역화 효과backfire effect'와 '더닝-크루거 효과Dunning-Kruger effect'다.

'의도적 합리화'란 우리가 진실이라고 믿고 싶은 사실이 실제 진실을 인식하는 과정에 영향을 미치는 현상을 가리킨다. 다시 말해, 인간은 자신의 감정적인 맥락 속에서 추론하는 경향이 있다는 뜻이다. 인지부조화 현상과 확증 편향 현상의 이면에도 분명 의도적 합리화라는 기제가 작동하고 있다. 원리는 간단하다. 인지부조화를 겪는 사람은 자존감을 다치지 않게 하려는 의도를 가지고 불안감을 줄이고자 한다. 따라서 자신의 감정을 진실에 맞추기보다는 비합리적이게도 자신의 믿음을 감정에 맞추려고 한다. 미국의 소설가 겸 사회비평가 업튼 싱클레어Upton Sinclair가 표현한 대로, "특정한 사실을 믿지 않음으로써 먹고사는 사람이 그 사실을 믿도록 설득하기란 쉽지 않은 일이다."

확증 편향 현상 역시 의도적 합리화와 직접적으로 관련되어 있다. 확증 편향을 겪는 사람은 자신이 옳다고 생각하는 믿음을 변호하려는 의도를 가지고 믿음을 확증해주는 증거만 찾기 때문이다. 흔히 형사들에게 이런 양상이 전형적으로 나타나는데, 그들은 일단 용의자를 확정하고 나면 그가 범인이 아닐 가능성을 알아보는 대신 범인이라는 근거만 쌓아나가려고 한다. 하지만 의도적 합리화와 확증 편향은 정확히 일치하는 개념이 아니기 때문에 반드시 구분해야 한다. '의도적 합리화'는 자신이 생각하는 대로 믿음을 마음껏 비틀고자 하는 무의식적인 정신 상태를 가리킨다. 반면 '확증 편향'은 이미 믿고 있는 사실을 확증하는 방향으로 정보를 해석함으로써 그러한 정신 상태를 실현시키는 메커니즘에 해당한다.

의도적 합리화 현상을 다루는 실험 연구들은 다른 대표적인 사회심리학 연구들만큼이나 오랜 역사를 가지고 있다. 비교적 최근 연구에서는, 서로 다른 팀을 응원하는 스포츠팬들이 똑같은 경기 영상을 보고도 상충되는 판단을 이끌어내는 원인 역시 의도적 합리화 때문이라고 추정했다. 응원하는 팀에 너무 많은 것들이 걸려 있다고 판단하거나 응원하는 팀에 불리하게 작용할 수 있는 어떤 사실도 인정하기 싫어하는 등 단지 자기 이익을 추구하다 보니 자기 팀에 유리한 내용만 이끌어내는 것이라고 생각할 수도 있다. 물론 그런 경우도 있을 것이다. 예컨대, 미식축구 세계에도 팀 대변인 역할을 하는 사람들이 존재한다. 그런 사람들이 다시보기 영상을 보는데 심판이 자기 팀에 지나치게 유리한 판정을 내렸다고 해서 굳이 문제 삼을 이유가 있을까? 혹시 그 덕분에 득점을 하고 경기를 승리할지도 모르는데 말이다. 하지만 주위에서 제대로 미식축구에 빠진 사람을 본 적이 있다면 광적인 팬이 일반 사람들과는 아예 다른 방식으로 경기를 본다는 사실을 이해할 것이다. 이곳 뉴잉글랜드에서는 미식축구 팬들이 뉴잉글랜드 패트리어츠New England Patriots가 부정행위를 저질렀다거나 패트리어츠 쿼터백 톰 브래디Tom Brady가 공에 바람을 빼고 경기를 뛰었다는 주장에 격렬히 맞서 싸우고 있다. 옳든 그르든 팬이라면 무조건 홈팀을 두둔해야 한다는 생각 때문만은 아니다. 이들은 패트리어츠가 부정행위를 저질렀다는 사실 자체를 '실제로' 믿지 않는다. 집단이기주의라고 비판할 수도 있겠지만, 사실 현상 이면에 숨어 있는 심리적인 기제는 어느 팀의 팬이든 우리 모두에게 똑같이 존재한다.

노스이스턴 대학교Northeastern University에서 감정과 도덕적 판단의 심리학적 관계를 연구하고 있는 데이비드 디스테노 David Desteno 교수는 '팀 소속감'이 도덕적 추론 과정에 어떤 영향을 미치는지 관찰했다. 한 실험에서는 방금 막 만난 실험 참가자들에게 무작위로 손목 밴드를 지급한 뒤 밴드 색깔에 따라 팀을 나눴다. 그런 다음 참가자들을 다시 두 그룹으로 흩어지게 했다. 첫 번째 그룹은 재미있는 10분짜리 과제와 어려운 45분짜리 과제 중 하나를 선택해 수행해야 했다. 그들은 한 명씩 방에 들어가, 어떤 과제를 수행할지 직접 선택할 수도 있었고 동전 던지기로 결정할 수도 있었다. 하지만 어떤 과제를 수행하든 그 사람 바로 다음에 들어오는 사람은 남아 있는 다른 과제를 수행해야 했다. 물론 참가자들은 자신이 카메라로 촬영되고 있다는 사실은 알지 못했다. 방에서 나온 참가자들 중 90퍼센트는 자신이 공정한 선택을 했다고 답했지만 실제로는 대부분 더 쉬운 과제를 선택했으며 굳이 동전 던지기에 선택을 맡기지도 않았다. 그런데 정말 흥미로운 일은 그다음에 벌어졌다. 거짓말과 편법을 저지른 첫 번째 그룹 참가자들의 영상을 보여주자 두 번째 그룹 참가자들은 그들을 비난했는데, 같은 색 손목 밴드를 차고 있는 사람은 비난하지 않았던 것이다.[7] 인간이 손목 밴드처럼 사소한 공통점만 가지고도 부도덕한 행동을 합리화할 수 있다면, 진지하게 감정적으로 소속되어 있는 경우에는 추론 과정이 얼마나 심하게 왜곡될까?

신경과학자들 역시 의도적 합리화 현상을 연구해왔다. 그들은 인간의 추론 과정이 감정적인 정보에 영향을 받을 때 평소와는 다른 뇌의 특정 영역이 관여한다는 사실을 밝혀냈다. 한 실험에서는 열성적인 당원 30명에게 지지하는 후보나 반대하는 후보에게 불리하게 작용할 수 있는 내용을 추리하도록 지시한 뒤 기능적 자기공명영상functional-MRI을 활용해 뇌를 촬영했다. 그 결과 중립적인 문제를 추리할 때와는 달리 참가자들 뇌의 특정 영역이 활성화되는 것을 확인할 수 있었다. 인간의 인지 편향을 신경세포 단계부터 관찰할 수 있다는 사실은 어찌 보면 당연한 일이지만, 이 연구 덕분에 인간의 뇌에 의도적 합리화를 위한 별도의 기능이 존재한다는 실험적 증거가 처음 제시될 수 있었다.[8] 이제 이러한 배경지식을 염두에 두고 두 가지 특별한 인지 편향 현상을 살펴보면서 탈진실적인 정치 신념이 우리가 사실과 증거를 받아들이는 방식에 어떤 영향을 미치는지 이해해보자.

역화 효과

'역화 효과'는 브렌던 나이한Brendan Nyhan과 제이슨 레이플러Jason Reifler가 실험을 통해 밝혀낸 개념이다. 이 실험에 참가한 열성적인 정당 지지자들은 자신의 정치적 신념에 반하는 증거를 맞닥뜨리자 증거를 부정하고 잘못된 신념을 계속 고집하려고 했다. 반대 증거를 확인한 뒤 잘못된 신념을 더욱 강화시키는 경우도 있었다.

실험 과정은 다음과 같았다. 실험 참가자들은 가짜 기사가 담긴 신문을 받았다. 기사 내용은 대중에게 널리 퍼져 있는 몇 가지 오해들을 뒷받침하고 있었다. 한 기사는 이라크가 이라크 전쟁 이전부터 대량살상무기를 가지고 있었다는 주장을 지지하고 있었다. 다른 하나는 부시 대통령이 줄기세포 연구를 전면 금지시켰다는 주장을 지지하고 있었다. 사실에 비춰 볼 때 두 주장 모두 거짓이었다. 기사를 읽고 나서 참가자들은 사실 관계를 바로잡아주는 정보(이라크에 대량살상무기가 존재하지 않았다고 시인하는 부시 대통령의 연설 등)를 제공받았다. 참가자들의 반응은 당파적 성향에 따라 나누어졌다. 진보주의자와 중도주의자는 예상대로 교정을 받아들였지만 보수주의자는 받아들이지 않았다. 연구자들이 관찰한 바에 따르면, 일부 보수주의자들은 정확한 정보를 확인한 뒤 오히려 대량살상무기에 대한 잘못된 주장을 더 강하게 확신하는 것으로 나타났다.

다시 말해, 잘못된 믿음을 교정하려는 시도는 역화 효과를 불러일으켰다. 이라크에 대량살상무기가 존재하지 않았다는 정보를 확인한 일부 보수주의자들은 잘못된 정보를 교정하지 않은 집단에 비해 이라크에 대량살상무기가 존재했다는 주장을 더 믿으려는 경향이 강했다.[9]

연구자들은 보수주의자들이 어떤 언론 보도라도 불신하는

경향이 강하기 때문에 이러한 결과가 나타난 것일지도 모른다고 추측했다. 하지만 이러한 추측은 관찰 내용과 일치하지 않았다. 교정을 받은 참가자든 받지 않은 참가자(통제 집단)든 모두 동일한 정보(부시 대통령의 진술)를 확인했기 때문이다.

따라서 실험적으로 조작된 교정 환경이 역화 효과를 불러일으켰다고 할 수 있다. 만약 피실험자들이 미디어 자체를 불신했다면 그저 교정 정보를 무시하고 넘어갔어야 했다. 하지만 그들은 오히려 더 '틀린' 방향으로 나아갔다. 단순히 불신 때문이라고 볼 수 없는 반응이었다.[10]

2차 반복 실험에서 연구자들은 진보주의자들 역시 동일한 반응을 나타내는지 시험하고자 했다. 실험 참가자들은 우선 부시 대통령이 줄기세포 연구를 전면 금지했다는 가짜 뉴스를 접했다(실제로는 2001년 8월 이전에 생산된 줄기세포에 대한 연방 기금만 제한했을 뿐 개인 기금으로 운영되는 연구에는 아무런 제약을 가하지 않았다). 그다음 정확한 정보를 제공받았다. 이번에는 보수주의자들과 중도주의자들이 교정에 응했지만 진보주의자들은 정보를 부정했다. 하지만 진보주의자들의 경우 역화 효과가 발생하지는 않았다. 교정 정보가 '무효화'되었으며 진보주의자들의 잘못된 신념을 수정하지 못한 것은 사실이지만, 진실에 맞닥뜨린 진보주의자들이 잘못된 신념을 '강화'했다고 볼 수 있는 증거는 없었다. 진실이 역화 효과를 불러일으키지는 않은 것이다.

어떤 사람들은 정치적 신념을 사실 증거를 가지고 바꾸려고 시도하는 것이 "기름에 붙은 불을 물을 뿌려서 끄려고 하는 것이나 마찬가지"라고 설명하기도 한다.[11] 적어도 열성적인 보수주의자들 기준으로는 적절한 설명인 것 같다. 하지만 나이한과 레이플러가 관찰한 바에 따르면, 진보주의자든 보수주의자든 정치적 신념이 아무리 확고한 사람이라고 할지라도 사실 증거에 따라 신념을 수정할 가능성이 아예 없는 것은 아니다. 나이한과 레이플러는 연구 과정에서 드러난 부차적인 결과에 더해 같은 문제를 다룬 이전 연구들을 살펴본 뒤, 당파심이 강한 사람이라도 동일한 반대 증거를 반복적으로 접하는 경우 교정 정보에 점차 동조하게 될 것이라고 추측했다. 예컨대, 데이비드 레드로스크David Redlawsk 등이 진행한 연구에서는 '의도적 합리화에 빠진 사람들'이 결국 현실을 받아들일 것인지 아니면 끊임없이 현실을 부정할 것인지 탐구했다. 레드로스크 팀이 내린 결론은 나이한과 레이플러가 추측한 내용을 지지했다. 정치적 신념이 아무리 확고한 사람이라고 할지라도 믿음에 반하는 증거에 지속적으로 노출되다 보면 결국 '티핑포인트tipping point(작은 요인들이 서서히 쌓이고

쌓이다 일순간에 엄청난 변화를 초래하게 되는 분기점—옮긴이)'
에 이르러 신념을 바꿀 수 있다는 것이다.[12]

더닝-크루거 효과

더닝-크루거 효과는 저능한 사람이 자신의 저능함을 인식
하지 못하는 현상과 관련된 인지 편향이다(때때로 '너무 멍청
해서 멍청한 줄도 모르는 현상'이라고도 한다). 물론 모든 분야에
서 전문적인 지식을 갖춘 사람이 존재하지 않는 이상 우리 모
두가 어느 정도는 더닝-크루거 효과에 쉽게 빠질 수 있다는
점을 기억해야 한다. 카너먼과 트버스키는 초창기 연구에서
'과잉확신 편향overconfidence bias'이 초래하는 심각한 결과에 대
해 탐구한 적이 있다. 예컨대, 우리는 자기 능력 밖인 줄 뻔
히 알면서도 한계를 인정하지 않고 버뮤다Bermuda 여행을 스
쿠터로 다니겠다고 결정한다. 혹은 비행 강사가 비행 조건이
좋지 않으니 제발 이륙하지 말라고 사정을 하는데도 자기 경
험을 과신하면서 하이애니스포트Hyannisport에 있는 가족 결혼
식에 경비행기를 몰고 가겠다고 결정하기도 한다. 더닝-크루
거 효과 역시 과잉확신 편향과 유사한 측면이 있다. 하지만
더닝-크루거 효과는 눈앞에 놓인 과제의 난이도뿐만 아니라
난이도를 측정하는 사람의 특성과도 관련되어 있다.

1999년에 수행한 실험에서 데이비드 더닝David Dunning과 저스틴 크루거Justin Kruger는 실험 참가자들이 거의 혹은 전혀 경험이 없는 분야에 대해서도 자신의 능력을 과대평가하는 경향이 있다는 사실을 발견했다. 미국의 풍자 작가 개리슨 케일러Garrison Keillor가 라디오쇼에서 언급했던 "사람들 모두가 평균 이상"인 가상의 마을 '워비곤 호수Lake Wobegon'에 관한 이야기를 들어본 적 있을 것이다. 이 이야기가 재밌는 이유는 우리도 우리 자신에게서 워비곤 호수 사람들의 모습을 발견하기 때문이다. 자신의 운전(혹은 사랑) 실력이 '평균 이하'라고 평가하는 사람이 얼마나 되겠는가? 더닝과 크루거는 이러한 경향성이 여러 방면에 적용된다는 사실을 밝혀냈다. 피실험자들은 지능지수나 유머 감각은 물론 논리학이나 체스처럼 고도의 숙련도를 필요로 하는 능력에서까지 자신의 점수를 지나치게 과대평가하는 경향이 있었다. 왜 이런 현상이 발생할까? 더닝과 크루거가 지적하는 대로, "무능력한 분야에서는 자신의 무능함을 알아차릴 능력조차 부족한 것이다. …… 특정 분야에 숙달하고자 한다면 일정한 기술을 습득해야 하는데, 바로 그 기술이 해당 분야의 숙련도를 평가하는 데에도 필수적이기 때문이다."[13] 결과적으로 많은 사람들이 실수를 저지르고도 실수를 알아차리지 못한 채 계속 덤벙대기만 하는 것이다.

더닝과 크루거는 한 실험에서 똑똑한 대학생 45명을 모아놓고 LSAT(로스쿨 입학 시험) 준비 안내시에서 가져온 20문항 짜리 테스트를 보도록 했다. LSAT에 익숙한 사람이라면 잘 알겠지만 결코 만만한 시험이 아니었다. 실험 참가자들은 모든 문항을 풀어야 했을 뿐만 아니라 자신이 몇 점 정도를 받을 것 같은지, 다른 참가자들과 비교했을 때는 어느 수준일지도 평가해야 했다. 실험 결과, 학생들은 평균적으로 자신이 상위 34퍼센트에 해당한다고 평가했다. 이때 주목할 점은 학생들이 자기 점수는 과대평가하지 않았다는 것이다. 자신이 몇 문제나 맞히고 틀렸는지는 정확히 평가했다. 하지만 문제는 자신의 점수가 무리 중 어느 정도인지를 판단할 때 발생했다. 그리고 가장 눈에 띄는 결과는 최하위권 학생들에게서 나타났다. "이들은 평균적으로 상위 88퍼센트에 해당하는 점수를 받았는데도 자신의 전반적인 논리력이 상위 32퍼센트에 해당한다고 확신했다."[14] 더닝-크루거 효과가 충격적인 이유는 바로 이 지점 때문일 것이다. 자신의 능력을 과대평가하는 경향은 수행 능력이 가장 떨어지는 사람들에게서 두드러지게 나타난다.

왜 이런 결과가 나왔는지 궁금할 것이다. 혹시 학생들이 자신의 무능함을 알면서도 인정하기 싫어서 억지로 감추려고 했던 것은 아닐까? 자신의 능력을 더 정확히 평가할수록 100달 사람들은 "침묵을 지키다 무식하다는 취급을 받는 쪽이 괜히 입을 열었다가 무식함을 증명하는 쪽보다 낫다."라는 오래된 격언을 망각한 채 계속 자기 신념을 밀어붙인다.

러의 상금을 지급하겠다고 말했는데도 능력을 제대로 평가할 수 없었던 것을 보면 그렇지는 않았던 것 같다. 결국 스스로를 과대평가한 학생들은 그저 다른 사람을 속이려고 했던 것이 아니라 자기기만에 빠진 것이었다. 인간은 자기 자신을 너무나 사랑한 나머지 자신의 약점을 보지 못할 수 있다.[15] 따라서 우리가 자신의 정치적 신념에 감정적인 애착을 느낀 나머지(때로는 정치적 신념을 정체성의 일부로까지 느낀 나머지) 자신이 틀렸다는 사실을 인정하기는커녕 전문가들이 제시하는 사실보다 자신의 '본능적인 직감'을 앞세운다고 하더라도 그리 놀랄 일은 아니다.

2015년에 미국 국회의사당에서 공화당의 제임스 인호프 상원의원이 기후변화를 '논박'하겠다며 화두를 꺼내놓았을 때, 과연 인호프 의원은 '기후'와 '날씨'도 구분하지 못하는 자신이 얼마나 무식해 보일지 생각이나 했을까? 아마 못했을 것이다. '너무 멍청해서 자신이 멍청한 줄도 모르는' 상태에 빠졌기 때문이다. 도널드 트럼프는 자신이 ISIS(이라크-레반트 이슬람국가)에 대해 군 장교들보다 잘 파악하고 있다고 주장했을 때 진심으로 본인 말을 믿기는 했을까?[16] "글쎄요, 제가 그쪽 분야에는 전문가가 아니라서 말이죠."라고 말한 뒤 가만히 입을 닫고 있으려는 사람은 좀처럼 보이지 않는다. 오히려 사람들은 "침묵을 지키다 무식하다는 취급을 받는 쪽이 괜히 입을 열었다가 무식함을 증명하는 쪽보다 낫다."라는 오래된 격언을 망각한 채 계속 자기 신념을 밀어붙인다.

역화 효과와 더닝-크루거 효과는 분명 탈진실과도 관련되어 있다. 이러한 인지 편향 현상은 명료하게 생각하는 능력을 앗아갈 뿐만 아니라 명료하게 생각하지 못하고 있다는 사실 자체도 인식하지 못하게 막는다. 때로는 인지 편향에 굴복하는 과정도 하나의 사고 과정처럼 느껴질 수 있다. 하지만 여러 실험에서 드러난 것처럼, 우리가 특정한 주제에 감정적으로 몰두한 경우 올바로 사고할 수 있는 능력이 영향을 받아 제대로 작동하지 않을 수 있다. 애초에 인간이 왜 이러한 인지 편향을 갖게 되었는지 의문이 들 수 있다. 진화론적으로 따져보면 진실은 가치가 있지 않나? 진실을 믿고 있는 사람이 생존할 확률도 높은 것 아닌가?[17] 원인이 무엇이든 간에 우리는 수많은 인지 편향이 우리 뇌의 일부분에 자리 잡고 있다는 사실을 인정해야 한다. 비판적 추론 능력을 주의 깊게 학습하고 훈련하다 보면 인지 편향이 우리의 신념에 영향을 미치는 정도를 어느 정도 조절할 수는 있겠지만, 우리에게 인지 편향이 존재한다는 사실 자체는 결코 바꿀 수 없다. 진보주의자에게든 보수주의자에게든 인지 편향은 인간으로서 유전되는 성질 중 일부다.

하지만 일부 인지 편향 현상은 개인의 정치적 신념에 따라 다르게 작용할 수 있다. 예컨대, 앞서 살펴본 것처럼 역화 효과는 진보주의자에게 덜 영향을 미치는 경향이 있었다. 더욱 극단적으로 당파적인 성격을 띠는 인지 편향이 존재할 것이라고 가정한 뒤 연구를 진행한 연구자들도 있었다. 학술지 《심리과학Psychological Science》에 실린 한 논문에서 인류학자 대니얼 페슬러Daniel Fessler는 보수주의자가 진보주의자에 비해 위협적인 거짓말을 더 잘 믿는 이유를 설명하기 위해 '부정 편향negativity bias' 현상을 다룬다.[18]

실험 단계에서 페슬러는 실험 참가자들에게 16개의 진술을 보여줬다. 대부분 거짓이었지만 거짓이라고 의심할 만큼 이상한 주장은 없었다. "공복에 운동을 하면 칼로리가 더 많이 소모된다."처럼 무난한 내용을 담은 진술도 있었고, "2001년 9월 11일 이후로 미국을 겨냥한 테러 공격이 증가해왔다."처럼 깜짝 놀랄 만큼 위협적인 내용을 담은 진술도 있었다. 페슬러는 참가자들에게 자신이 진보주의자인지 보수주의자인지 규정한 다음 각각의 진술이 참인지 거짓인지 평가하도록 지시했다. 진보주의자나 보수주의자나 위협적이지 않은 거짓 진술에 대해서는 평가에 차이가 없었다. 하지만 보수주의자는 위협적인 거짓 진술을 훨씬 더 높은 확률로 신뢰하는 것으로 나타났다.[19]

열성 당원들은 사고방식부터가 다른 것일까? 실제로 한

실험 연구에서는 뇌에서 공포심과 관련되어 있는 편도체가 진보주의자보다 보수주의자에게서 더 크게 나타나는 것으로 알려진 바 있다.[20] 어떤 사람들은 이러한 이유 때문에 2016년 미국 대선에서도 대다수의 가짜 뉴스가 보수주의자들을 겨냥했던 것이라고 추측한다. 음모론을 퍼뜨리고 싶다면 보수 진영에 퍼뜨리는 쪽이 더 확실한 결과를 가져온다는 뜻이다. 물론 페슬러가 발견한 부정 편향의 영향력은 그리 큰 편이 아니었다. "실험 참가자들이 정치적 성향에 따라 스펙트럼 위에 얼마나 광범위하게 흩어져 있는지 통계적으로 측정한 결과, 우측으로 한 단위 눈금씩 이동할 때마다 참가자들이 좋은 결과를 약속하는 진술보다 나쁜 결과를 경고하는 진술을 의심할 확률이 평균적으로 2퍼센트씩 낮아지는 것으로 나타났다."[21] 하지만 대선과 같은 환경에서는 유권자 수가 많다는 점을 고려할 때 이 정도 영향력만으로도 상황을 뒤집기에는 충분할지도 모른다. 영향이 크든 적든, 페슬러의 연구가 쉽게 속아 넘어가는 경향성을 정치적 성향에 따라 분석한 최초의 연구인 것은 분명해 보인다.[22]

인지 편향이 탈진실에 미친 영향

과거에는 인간이 다른 인간과 상호작용하는 과정 속에서

인지 편향이 상쇄되기도 했다. 부족, 마을, 사회의 구성원으로서 반드시 다른 구성원들과 함께 일하며 살아가야 했기 때문에 상호작용하는 과정에서 서로의 생각을 주고받을 수밖에 없었다. 하지만 아이러니하게도 미디어가 범람하는 현대에는 자신의 생각과 상반되는 생각으로부터 스스로를 고립시키기가 더 쉬워졌다. 인간은 서로 대화하는 과정에서 필연적으로 다양한 견해에 노출된다. 이러한 과정이 인간의 사고력에도 도움이 된다는 실증적인 연구 역시 존재한다.

캐스 선스타인Cass Sunstein은 《인포토피아Infotopia》라는 책에서 개인들이 서로 상호작용을 하는 경우 혼자서는 알아차리지 못했을 결론에 도달할 수 있다고 설명한다.[23] 일명 '전체가 부분의 합보다 큰' 현상이다. 선스타인은 이를 '상호작용하는 집단 효과interactive group effect'라고 부른다. 피터 웨이슨과 동료 연구자들은 한 실험에서 사람들을 그룹으로 모아 다 같이 논리 퍼즐을 풀도록 지시했다. 퍼즐은 굉장히 어려웠고 참가자 중 혼자 힘으로 퍼즐을 풀 수 있는 사람은 거의 없었다. 하지만 퍼즐을 다 같이 풀도록 지시하자 흥미로운 일이 벌어졌다. 참가자들은 서로의 추리에 의문을 제기하기 시작했고, 그러는 과정에서 자신의 가설과 일치하지 않는 생각(결국 혼자서는 떠올리지 못했을 생각)까지 떠올릴 수 있었다. 실험을 반복한 결과, 연구자들은 많은 경우 구성원 개개인은 문제를 해

페이스북에서 누군가가 남긴 댓글이 마음에 들지 않는다면 '친구 삭제'를 하거나 '숨기기' 기능을 이용하면 된다. 음모론에 한껏 심취하고 싶다면 종일 음모론을 소개해주는 방송 채널을 찾아보면 된다. 자신과 생각이 같은 사람들로만 주위를 가득 채우기가 이전 어느 때보다 쉬워진 것이다.

결하지 못하더라도 집단 전체는 문제를 해결할 수 있다는 사실을 발견했다.[24] 선스타인은 바로 이 지점에 주목했다. 집단은 개인을 능가한다. 신중하게 상호작용하는 집단은 수동적인 집단을 능가한다. 집단이 함께 문제를 검토하는 시간에 구성원들이 각자의 생각을 터놓고 얘기한다면 정답을 찾을 가능성이 매우 높아진다. 진실을 찾고자 하는 사람은 비판적으로 생각하고 충분히 의심하며 다른 사람의 검토를 받을 때 최상의 결과를 얻을 수 있다.

하지만 오늘날 사람들에게는 상호작용을 자신이 원하는 대로 선택할 수 있는 특권이 주어져 있다. 정치적 신념이 어떻든지 간에 본인이 원하는 '뉴스 사일로' 속을 살아갈 수 있다. 페이스북에서 누군가가 남긴 댓글이 마음에 들지 않는다면 '친구 삭제'를 하거나 '숨기기' 기능을 이용하면 된다. 음모론에 한껏 심취하고 싶다면 종일 음모론을 소개해주는 방송 채널을 찾아보면 된다. 자신과 생각이 같은 사람들로만 주위를 가득 채우기가 이전 어느 때보다 쉬워진 것이다. 게다가 일단 사일로 속에 들어가고 나면 자신의 생각을 집단의 생각에 맞춰야 한다는 압력이 더욱 강해진다. 살펴본 것처럼 이는 이미 솔로몬 애시의 연구에서 증명되었다. 자신이 진보주의자인데 이민자, 동성 결혼, 세금 문제에 있어서는 친구들과 생각이 같지만 총기 규제 문제에 있어서는 생각이 일치하지 않는다면 불편한 감정이 느껴질 것이다. 이때 개인은 사회적 관계를 유지하기 위해 자신의 생각을 고칠지도 모른다. 이러한 결과가 비판적 상호작용을 거쳐서 나온 것이 아니라 친구들을 불쾌하게 만들고 싶지 않다는 욕망 때문에 나온 것이라면 썩 좋은 일은 아니다. 상호작용하는 집단 효과의 어두운 측면이라고도 할 수 있다. 재판에 배심원으로 참여한 경험이 있는 사람은 쉽게 이해할 것이다. 배심원은 자신의 판단이 다른 배심원들의 판단과 일치할 때 마음이 편안해진다. 하지만 다른 배심원들의 판단이 전부 틀렸다면 어떻게 할 것인가? 단지 진보주의자라고 해서 혹은 보수주의자라고 해서 진실을 독점할 수는 없다.

우리가 기계적 중립성을 받아들여야 한다거나 진실이 이념과 이념 사이에 존재한다고 주장하는 것은 아니다. 진실과 거짓의 중간 지점도 결국은 거짓이기 때문이다. 내가 주장하고 싶은 것은, 어떠한 정치적 이념도 진실이 밝혀지는 과정에 장애물로 작용할 수 있다는 점이다. 어쩌면 연구자들이 주장하는 대로 진보주의자가 보수주의자에 비해 '인지적 욕구'가 강할지도 모른다.[25] 하지만 그렇다고 해서 진보주의자가 우월하다거나 진보주의자의 정치적 직관이 곧 사실 증거나 마찬가지라고 볼 수는 없다. 이 장에서는 여러 연구 결과를 살펴보면서 정치적 이념에 따라 순응하는 태도가 얼마나 위험한지 이해할 수 있었다. 우리 모두는 인지 편향을 타고나기 때문에 눈앞에 놓인 증거를 외면한 채 주위 사람들의 믿음을 여과 없이 받아들일 수 있다. 사실 인간이라면 누구나 집단 소속감을 가치 있게 여기며 때로는 현실 자체보다 중요하게 여기기도 한다. 하지만 우리가 진실을 소중히 여긴다면 반드시 인지 편향과 맞서 싸워야 한다. 인지 편향 현상만큼 탈진실의 뿌리가 되는 존재가 없기 때문이다.

우리가 어떤 사실을 믿고 싶다는 의지를 이미 가지고 있다면, 게다가 우리 주위 사람들마저 그 사실을 믿고 있다면, 아주 사소한 자극만으로도 우리는 그 사실을 믿게 될 것이다. 이를 잘 알고 있는 자들은 자신의 정치적 의도를 밀어붙이기 위해 정보를 얻을 수 있는 출처를 모두 불신하게 만든 뒤 사람들의 인지 편향을 자극해 그들을 손쉽게 조종하고 이용하려고 한다. 하지만 어디로 도망하더라도 인지 편향 자체를 피할 수는 없는 것처럼 뉴스 사일로 속에 들어간다고 하더라도 탈진실 현상을 막을 수는 없다. 사실 탈진실은 정보의 출처와도 관련되어 있기 때문이다. 우리 모두는 결국 정보를 얻기 위해 출처에 의존한다. 그런데 만일 해당 출처에서 정확히 우리가 듣고 싶은 이야기만 나온다면 우리는 더욱 취약해질 수밖에 없다.

제 4 장

전통적인 미디어가
쇠퇴하다

The Decline of Traditional Media

> 저널리즘이란 다른 누군가가 활자화하지 않기
> 를 바라는 사실을 활자화하는 행위를 가리킨
> 다. 그 외에는 모두 선전 행위에 불과하다.
>
> — 조지 오웰

미디어와 언론의 역사

최근 '정보 사일로'화 현상이 급격히 진행되고 결과적으로 인지 편향이 활개를 치는 환경이 조성된 이유는 모두가 인정하듯이 소셜미디어가 급부상했기 때문이다. 하지만 소셜미디어가 부상하는 과정에 대해 논의하기 위해서는 우선 전통 미디어가 쇠퇴하는 과정을 이해해야 한다.

미국에서 전통적인 미디어가 전성기를 누릴 때만 하더라도 《뉴욕타임스》, 《워싱턴포스트》, 《LA타임스》, 《월스트리트 저널》로 대표되는 주요 신문사와 ABC, CBS, NBC로 대표되는 TV 방송국이 뉴스를 전달하는 주된 매체였다. 1950년에 미국 일간 신문 평균 발행 부수는 하루에 5,380만 부(총 가구 수 대비 123.6퍼센트에 해당하는 수치)에 달했다.[1] 가구 당 100퍼센트를 넘는 수치다. 즉, 일부 가구에서는 신문을 '둘' 이상 구독했다는 뜻이다. 하지만 2010년에 미국 일간 신문 평균 발행 부수는 4,340만 부(총 가구 수 대비 36.7퍼센트에 해당하는 수치)에 불과했다. 신문사들은 구독자를 70퍼센트 가까이 잃었다. 이는 TV 방송국도 마찬가지다. 1950년대 이후로 '뉴스'란 매일 저녁 방송에 남성 앵커가 나와 30분 동안 전하는 소식이었다.[2] 1962년에서 1981년 사이 CBS 뉴스데스크에 앉아 뉴스를 진행하던 월터 크롱카이트Walter Cronkite는 '미국에서 가장 신뢰받는 공인'이라고 불리기도 했다.

많은 사람들은 이 시기를 뉴스의 '황금기'라고 생각한다. 1950년대부터 1960년대까지 언론사들이 치열한 경쟁을 벌이는 가운데 규모가 작은 신문사들은 대부분 문을 닫아야만 했다. 그러자 미국의 주요 도시에서는 20여 년 전에나 존재하던 소규모 신문사들 대신 질 높은 내용을 풍부하게 다루는 무게감 있는 신문사가 실질적인 독점권을 갖게 되었다.[3]

한편 당시의 TV 방송은 하루에 30분만 뉴스를 내보내는 것이 일반적이었기 때문에 방송국에서는 탐사 보도에 많은 노력을 투자할 수 있었다. 가끔씩 전쟁이나 테러 때문에 "임시 속보를 전해드리기 위해 이 방송은 잠시 중단됩니다."라는 경고 메시지를 내보내는 경우를 제외한다면 뉴스를 위한 시간과 자리가 구별되어 있었고, 따라서 방송국에서는 오락 프로그램을 편성해 충분한 수익을 거둘 수 있었다.

TV에 뉴스가 나오는 시간은 제한적이었지만 뉴스 보도국에서는 오히려 다행으로 여겼다. 뉴스로 돈을 벌어들여야 한다는 압박감이 없었기 때문이다. ABC방송 뉴스 진행자 테드 코펠Ted Koppel은 당시 상황을 이렇게 설명한다.

> 방송국 간부들은 1927년 전파법에서 주창하는 '공공의 이익, 공공의 편의, 공공의 필요'를 만족시키는 데에 실패했다가 연방통신위원회Federal Communications Commission로부터 자격을 정지당하거나 철회당할까 봐 두려워했다. 주요 방송국 3사에서는 자신들이 연방통신위원회의 지시사항을 충실히 따르고 있다는 증거로 뉴스 보도국(적자이거나 간신히 적자를 면하는 부서)을 강조했다. 말하자면 당시의 뉴스는 NBC, CBS, ABC와 같은 방송사들이 예능국에서 벌어들이는 어마어마한 수익을 정당화하도록 허락해주는 '미끼 방송'과도 같았다.[4]

1968년에 CBS에서 〈식스티 미니츠60 Minutes〉라는 뉴스 프로그램을 내놓으면서 상황이 바뀌기 시작했다. 〈식스티 미니츠〉는 방송 시작 3년 후 역사상 최초로 '수익을 내는 뉴스 프로그램' 자리에 등극했다. 그 순간 방송사들은 눈이 번쩍 뜨였다. 뉴스 제작 체계나 뉴스에 대한 기대가 즉시 뒤집어진 것은 아니었지만, 방송국 경영진은 뉴스가 수익을 창출할 수도 있다는 사실을 깨닫게 되었다.[5]

1970년대까지는 방송국의 전성기가 계속되었다. 하지만 1979년에 이란의 미국 대사관 인질 사태가 벌어지면서 방송국은 난제에 부딪히게 되었다. 대중이 더 많은 뉴스를 갈구하기 시작한 것이다. 어마어마한 수익을 내는 예능국을 건드리지 않는 이상 이러한 대중의 요구를 어떻게 받아들일 수 있을까? 당시 늦은 저녁 시간을 장악하고 있던 방송은 조니 카슨Johnny Carson이 진행하던 NBC 〈투나잇 쇼Tonight Show〉였다. 동시간대에 CBS는 심야 영화를 편성해 사실상 경쟁을 포기한 상태였고, ABC 역시 황금 시간대 프로그램을 재방송하는 것으로 대응하고 있었다. 그때 누군가가 새로운 아이디어를 내놓았다.

ABC 방송국은 색다른 시도를 해보기로 결정했다. 당시 매일 진행하던 이란 소식 브리핑을 늦은 저녁 시간대로 옮긴 것이다. 이는 마케팅을 노린 결정이기도 했다. 어차피 경쟁사인 NBC에서 조니 카슨이 진행하는 유서 깊은 토크쇼에 대항할 만한 동시간대 프로그램이 ABC에는 없었고 굳이 프로그램을 편성한다면 뉴스가 상대적으로 비용이 적게 들었기 때문이다. ABC는 저녁 시간에 〈나이트라인Nightline〉이라는 신규 방송을 편성해 당시 인질 사태를 집중적으로 보도하기로 결정했다. 매일 밤 ABC는 "인질로 잡힌 미국"이라는 문구에 억류 일수를 덧붙여 화려하게 화면을 장식했다. 그러고 나면 앵커(주로 ABC의 베테랑 앵커맨 테드 코펠)는 방송 시간 내내 전문가나 언론인은 물론 사건 관계자들과도 인터뷰를 진행했다.[6]

이러한 전략은 큰 성공을 거뒀으며 〈나이트라인〉은 1년 뒤 인질 사태가 종결된 이후에도 오래도록 살아남았다. 하지만 여전히 의문이 남아 있었다. 혹시 이보다도 더 많은 뉴스를 보고 싶어 하는 사람은 없을까?

1980년, 다음 주자로 CNN이 경쟁에 뛰어들었다. CNN의 시도는 도박과도 같았다. 24시간 내내 뉴스 프로그램으로만 채널을 가득 채우겠다고 나섰기 때문이다. 코펠이 이란 문제를 놓고 전문가들과 끝없는 인터뷰 행진을 벌였다고는 하지만 그 이상 많은 전문가와 뉴스거리를 찾을 수 있을까? 과연 시청자들은 앵커와 함께하는 저녁 식사 시간이나 다음 판 신문을 기다리는 대신 24시간 내내 원할 때마다 뷔페처럼 들락날락할 수 있는 뉴스를 기꺼이 받아들이려고 할까? 놀랍게도 CNN의 시도는 통했다. 뉴스의 질이 주요 방송국과 비교했을 때 '싱겁다'는 비판은 있었지만 CNN의 시도는 즉시 성공을 거뒀다. 1983년도 어느 날의《뉴욕타임스》경제면에서는 드디어 CNN이 흑자를 거두기 시작했다고 보도했다.[7] 1980년대는 물론 그 이후까지 챌린저호 폭발 사건, 톈안먼 사태, 베를린 장벽 붕괴, 걸프전 발발 등 굵직한 사건 사고가 연달아 발생하면서 사람들은 케이블 뉴스 채널에 관심을 갖기 시작했고 자연스럽게 CNN 채널의 시청률 역시 올라갔다.[8]

물론 언론의 편향성을 지적하는 불만도 있었다. 하지만 이는 신문, 방송, 케이블 뉴스 할 것 없이 수십 년 동안 꾸준히 제기된 문제였다. 미국 36대 대통령 린든 존슨Lyndon Johnson은 베트남전 시기에 언론이 자신에 대해 보도하는 내용을 몹시 싫어했다. 닉슨Richard Nixon 대통령과 함께 부통령을 지낸 스피로 애그뉴Spiro Agnew는 백악관 출입 기자단을 가리켜 "투덜투덜 불평으로 가득 찬 인사들"이라고 일축했다. 보수 진영은 뉴스가 늘 좌편향되어 있다고 끊임없이 불만을 터뜨려왔다. 하지만 1980년대 후반이 되기 전까지는 이러한 전통적인 매체들과 경쟁할 대안이 좀처럼 보이지 않았다.

러시 림보Rush Limbaugh가 등장하기 30년 전부터 라디오 토크쇼는 이미 자리를 잡은 상태였다. 하지만 톰 니콜스Tom Nichols가《전문가와 강적들The Death of Expertise》에서 지적하는 대로 림보는 뭔가 달랐다. 림보는 자신이 미국 언론의 대척점에 서 있는 진실의 근원이라고 내세웠다.[9] 당시 모든 언론이 빌 클린턴Bill Clinton과 같은 진보 정치인에게 편향되어 있다고 느꼈기 때문에 자신이 미국을 위해 목소리를 내겠다고 시도한 것이다. 림보의 시도는 대대적인 성공을 거뒀다.

첫 방송을 시작한 지 몇 년도 지나지 않아 전국적으로 600곳이상의 라디오 방송국에서 림보의 방송을 송출했다. …… 림보는 청취자들이 지지를 표현할 수 있도록 전화 참여를 허락함으로써 전국적 기반을 갖춘 충성스러운 지지층을 구축했다. 물론 전화 참여는 검열 및 선별 과정을 거쳤다. 림보와 초창기에 함께한 어느 매니저의 말에 따르면, 검열과 선별 과정이 있었던 이유는 림보가 스스로 토론 능력이 뛰어나지 않다고 느꼈기 때문이라고 한다. 하지만 애초에 토론은 중요한 문제가 아니었다. 방송의 목적은 이미 서로의 생각에 동조할 준비를 갖춘 사람들끼리 소속감을 느끼도록 만드는 것이었기 때문이다.[10]

사람들이 림보의 토크쇼를 들으려고 했던 이유는 새로운 사실을 배우고 싶기 때문이 아니라 자신들이 생각하기에 정치적으로 편향된 방식으로 뉴스를 보도하는 당시 신문과 TV로부터 거리감을 느꼈기 때문이다. 게다가 전화 참여가 가능한 라디오 방송이 등장하기 전까지는 모든 매체가 일방적인 소통 방식을 가지고 있기도 했다. 늘 다른 누군가가 무엇이 진실인지 말해주기만 했던 것이다. 하지만 림보의 쇼에서는 청취자들이 자기 목소리를 낼 수 있었고 공동체에 참여할 수 도 있었다. 림보는 언론에서 본격적으로 다루기도 전에 이미 확증 편향 현상을 잘 이해하고 있었던 것이다. 그 덕분에 림보는 라디오 업계에서 절대자로 군림했다.

이 시점부터는 사람들은 당파적인 뉴스 보도가 시장 잠재력을 가지고 있다는 사실을 깨닫기 시작했다. 1996년 7월에는 MSNBC가 설립되었다. 얼마 뒤 1996년 10월에는 폭스뉴스Fox News가 등장했다. 양쪽 다 스스로를 CNN의 대안으로 꼽았다. 지금까지도 어떤 사람들은 MSNBC가 편파적이라는 주장을 달가워하지 않는다. 확실히 설립 후 몇 년 동안은 앤 코울터Ann Coulter나 로라 잉그램Laura Ingraham 같은 보수 논객을 고정 출연진으로 활용하는 등 덜 편파적인 성향을 보이기는 했다. 하지만 어느 순간부터 MSNBC는 (때로는 불편하게 느껴질 만큼) 진보에 편향적인 방송국의 지위를 차지했다. 반면 보수 진영 미디어 고문 로저 에일스Roger Ailes가 창립한 폭스뉴스는 초창기부터 확실한 노선을 드러냈다.

새로운 전자 시장 시대에 폭스뉴스가 등장한 사건은 사람들이 뉴스 공급원을 선택하는 면에서도 당파적 대립이 존재한다는 결정적인 신인과도 같았다. 러시 림보가 라디오 토크쇼를 가지고 시도했던 것처럼 로저 에일스는 방송을 이용해 현실을 만들어냈다. 에일스가 폭스를 창립하지 않았다면 다른 누군가가 똑같은 시도를 했을 것이다. 라디오 방송계에서 증명되었듯이 이미 수요가 존재했기 때문이다. 보수 진영 작가이자 폭스뉴스 게스트 해설자로 활동하고 있는 찰스 크라우트해머 Charles Krauthammer가 종종 농담 삼아 말하던 것처럼 에일스는 "'미국인의 절반'이라는 틈새 시청자를 발견했다."[11]

폭스뉴스는 당파적 뉴스 보도를 새로운 차원으로 끌어올렸다. 코네티컷 주 뉴타운Newtown에서 끔찍한 총기난사 사건이 벌어져 20여 명의 초등학생이 희생된 바로 다음 날, 폭스뉴스 간부들은 프로듀서들로 하여금 방송에서 아무도 총기 규제 문제를 논하지 못하게 하라고 지시를 내렸다.[12] 뉴스가 보수적인 논지로 치우치도록 압력을 넣는 폭스 고위 간부들의 관행은 사실 공공연한 사실이다.[13] 이러한 압력은 당연히 뉴스 내용에 영향을 미칠 수밖에 없다.

2013년에 실시한 연구에 따르면, 《LA타임스》에서는 29퍼센트, 《워싱턴포스트》에서는 17퍼센트의 칼럼만이 기후변화에 회의적인 반응을 보였지만 폭스뉴스에서는 출연한 논객

중 69퍼센트가 기후변화에 회의적이었다.[14] 또 다른 연구에 따르면, CNN에서는 개인 의견에 바탕을 두고 있는 뉴스 보도 내용이 4퍼센트에 머물렀지만 폭스뉴스에서는 68퍼센트에 이르렀다.[15] 결과적으로 폭스뉴스에서는 '객관적인 뉴스'와 '당파적인 의견' 사이의 경계가 모호해졌으며 골수 폭스뉴스 시청자들은 뉴스에서 접한 잘못된 사실을 아무 거리낌 없이 믿고 퍼뜨릴 수 있었다. 실제로 2011년도에 진행된 한 연구에 따르면 폭스뉴스 시청자들은 아무 뉴스를 보지 않는 사람들보다 정보력이 떨어지는 것으로 나타났다.[16]

최근 몇 년 간 테드 코펠은 좌편향이든 우편향이든 편향된 언론에 확고히 맞서 싸우겠다고 다짐했다. 편향된 미디어가 민주주의에 위협이 된다고 생각했기 때문이다. 1980년대에 코펠 본인이 진행했던 〈나이트라인〉이 인터뷰 기반 뉴스 보도의 경제적 잠재력을 최초로 증명했다는 점은 참 아이러니하다. 그럼에도 코펠은 오늘날의 미디어가 너무 멀리까지 와버렸다고 지적한다.

폭스뉴스와 MSNBC가 둘 다 상업적으로 큰 성공을 거둔 모습을 보면 당파를 떠나 안타까운 마음이 든다. 방송사 입장에서 시청자들의 편견에 동조하는 의견들로 방송을 가득 채우는 것이 경제적으로 이득이 된다는 사실은 이해하지만, 국가 전체적으로 바람직한 풍조는 아니다. …… 처음에는 '절대적인 객관성'을 달성할 수는 없다는 합리적인 시각에서 출발했을지 모르지만, 이제 폭스뉴스와 MSNBC는 객관성을 아예 신경조차 쓰지 않고 있다. 그들은 세상을 있는 그대로 보여주는 대신 정치적으로 양극단에 속하는 지지자들(결국 충성스러운 시청자들)이 보고 싶어 하는 세상을 보여준다. 버나드 메이도프 Bernard Madoff(역사상 최대 규모의 폰지 사기 주동자―옮긴이)가 투자 시장에서 이용한 전략을 저널리즘 업계에서 그대로 따라 하고 있는 것이다. 메이도프는 고객들에게 그들이 듣고 싶어 하는 이야기만 들려주었고, 나중에 진실이 드러났을 때 이미 투자금은 모두 사라진 뒤였다.[17]

트럼프 당선 이후, 코펠은 폭스뉴스에 좀 더 초점을 맞췄다. 최근에는 폭스뉴스 토크쇼 진행자 션 해너티Sean Hannity와 인터뷰를 하면서 이런 대화를 나눴다.

해너티: 우리 국민들도 지적 능력을 가지고 있고 '토크쇼'와 '뉴스쇼'를 구분할 줄 안다고 봅니다. 코펠 씨는 너무 냉소적이신데요.

코펠: 네, 전 냉소적입니다.

해너티: 저희가 미국에 해라도 끼친다고 생각하시나요?

코펠: 네, 장기적으로 보면 해너티 씨나 온갖 시사 토크쇼가 해를 끼칠 것입니다.

해너티: 정말요? 참 안타까운 소리네요. 안타까워요.

코펠: 전혀요. 왜 그런 줄 아시잖아요. 당신은 이런 일에 정말 소질이 있기 때문이죠. 게다가 엄청나게 많은…….

해너티: 미국인들을 너무 얕잡아 보시는군요.

코펠: 아뇨, 일단 제 얘기를 끝까지 듣고 말씀하세요.

해너티: 듣고 있습니다. 충분히 존중하며 듣고 있어요. 계속 말씀하시죠.

코펠: 당신은 사실보다 이념이 더 중요하다고 확신하는 사람들을 아주 많이 끌어들였습니다.[18]

어떤 사람들은 폭스뉴스에서 제공하는 모든 프로그램이 '가짜 뉴스'의 배후나 다름없다며 비난하기도 한다. 폭스뉴스 채널에 대한 비판을 보다 보면 '폭스뉴스Fox News'가 아니라 '인조뉴스Faux News'가 더 어울리겠다는 농담도 쉽게 찾을 수 있다. 가짜 뉴스 문제와 탈진실 현상 사이의 상관관계는 거대한 주제이기 때문에 다음 장에서 자세히 다룰 것이다. 그럼에도 굳이 지금 언급한 이유는 가짜 뉴스가 폭스뉴스가 아니라 풍자극에서 시작되었다고 주장하는 비평가들도 존재하기 때문이다.

2014년에 퓨 리서치 센터Pew Research Center에서 미국인들을 대상으로 '가장 믿음직한' 뉴스 출처를 선택해달라고 설문조사를 한 결과, 선호하는 당파에 따라 확연히 구분되는 양상이 나타났다. 스스로를 보수주의자라고 규정한 사람들 가운데에서는 폭스뉴스가 44퍼센트로 1위를 차지했다. 진보주의자 가운데에서는 정통 저녁 뉴스 프로그램이 24퍼센트로 1위를 차지했으며, PBS(미국 공영 방송), CNN, 〈더 데일리 쇼The Daily Show〉가 2위 자리를 놓고 삼파전 양상을 띠었다.[19] 아니, 그런데 〈더 데일리 쇼〉는 코미디 프로그램이 아닌가? 2015년까지 〈더 데일리 쇼〉의 앵커 자리를 맡은 존 스튜어트Jon Stewart는 자신의 입으로 본인이 뉴스 '흉내'를 내는 것이라고 말했다. 스튜어트의 역할은 웃음을 이끌어내는 것이었지 사실을 파고드는 것이 아니었다. 그럼에도 많은 청년들이 〈더 데일리 쇼〉에서 뉴스를 접하는 것처럼 보이자 '진짜' 뉴스를 보도하는 사람들의 염려는 점점 더 커져갔다. 스튜어트는 스스로를 이렇게 변호했다. "내가 충분히 직설적인 질문을 던지지 않는다고 뭐라고 하는 거라면 그건 나만의 문제는 아닌 것 같다."[20]

하지만 스튜어트의 〈더 데일리 쇼〉를 비롯해 《뉴요커New Yorker》나 《디 어니언The Onion》과 같은 풍자 매체들은 쉽게 책임을 피해갈 수는 없었다. 최근 《LA타임스》에 실린 기명 논평 "진보 진영도 '코미디'라는 탈진실 문제를 겪고 있다"에서 스티븐 마시Stephen Marche는 이렇게 주장한다. "트럼프주의를 번영하게 만든 탈진실 현상은 진보 진영의 풍자 문화에 뿌리를 두고 있다. …… 2009년《타임》의 여론조사에 따르면 당시 방송에 나오는 뉴스 앵커 중 가장 신뢰도가 높은 앵커는 존 스튜어트였다."[21]

하지만 이는 불공평한 해석이라고 생각한다. 정치인들이 거짓말과 헛소리를 하면서 진실이라고 속이려고 애쓸 때마다 오래도록 저항할 수 있었던 이유 중 하나가 풍자이기 때문이다. 풍자는 본질적으로 현실이라고 받아들여지면 안 된다. 어떤 면에서는 그게 풍자의 요점이기도 하다. 풍자는 일부러 현실을 비꼼으로써 현실 세계의 불합리성을 돋보이게 하는 장르다. 그런 풍자를 진짜라고 받아들인다면 아무 의미도 남지 않는다. 풍자의 목표는 남을 웃기는 것이지 남을 속이는 것이 아니다. 마시 본인도 이렇게 지적한다. "어떻게 보면 …… 정치 풍자는 가짜 뉴스의 정반대라고 할 수 있다. 풍자 작가는 언론 특유의 가식을 벗어던짐으로써 진실이라고 믿고 있는 내용을 드러내고자 한다. 반면 가짜 뉴스 사이트는 언론 특유의 가식을 활용함으로써 이미 거짓임을 알고 있는 내용을 퍼뜨리고자 한다."[22] 하지만 마시는 설령 둘의 의도가 다르다고 할지라도 결과는 똑같다고 주장한다. "정치 풍자 작가와 관객은 뉴스 자체를 농담거리로 바꿔놓았다. 그들이 어떤 정치적 견해를 표방하든 미국의 정치 담론 현장에 탈진실 현상을 부추긴 것은 사실이다."[23]

정치 풍자극에 너무 가혹한 짐을 지우는 것처럼 보일 수 있다. 하지만 해너티가 폭스뉴스를 옹호하면서 펼쳤던 논리를 다시 한번 떠올려보자.

"우리 국민들도 지적 능력을 가지고 있고 '토크쇼'와 '뉴스쇼'를 구분할 줄도 안다고 봅니다."

어떤 메시지가 추종자들 사이에서 의도치 않게 오해를 불러일으켰다면 그 메시지의 모든 유포자가 책임을 져야 할까? 아니면 사람들이 진실이 아닌 내용을 믿도록 의도적으로 속인 첫 번째 유포자만 책임을 져야 할까? 하지만 속이려는 의도가 없다고 하더라도 메시지를 전달하는 방식이 오해를 불러일으키는 데에 영향을 주었다면 어떻게 해야 할까? 그럼에도 책임을 추종자들에게 돌리고 자신의 편향적인 태도에는 문제가 없다고 말할 수 있을까?

편향된 미디어가 가져온 문제

앞서 살펴본 것처럼 편향된 의견에 바탕을 둔 미디어가 떠오르면서 기존의 전통적인 미디어는 선호도 면에서 경쟁력을 잃어버렸다. 그렇다면 전통적인 미디어가 전하는 뉴스의

어떤 메시지가 추종자들 사이에서 의도치 않게 오해를 불러일으켰다
면 그 메시지의 모든 유포자가 책임을 져야 할까? 아니면 사람들이
진실이 아닌 내용을 믿도록 의도적으로 속인 첫 번째 유포자만 책임
을 져야 할까?

질이나 저널리즘 정신에는 아무런 변화가 없었을까?

1996년, 케이블 뉴스쇼가 인기를 얻으면서 전통적인 뉴스 프로그램은 당황하기 시작했다. '그런 것'과는 동급으로 묶이고 싶지 않았기 때문이다. 따라서 주요 방송국, 신문, CNN은 '객관성'을 한층 더 강조하는 방식으로 스스로를 구별하고자 했다. 폭스뉴스가 내건 "공정하고 균형 잡힌 보도"라는 슬로건에는 분명 객관성을 추구한다는 전통적인 뉴스 매체를 조롱하려는 의도가 담겨 있었다. 폭스뉴스가 자신들이 더 균형 잡힌 언론이라고 생각했을 리는 없으며 그보다는 자신들이 곧 균형추와 같다고 생각했을 테니까 말이다. 다른 언론이 모두 지나치게 진보 쪽으로 편향되어 있으니 보수 편향적인 보도를 함으로써 균형을 잡겠다는 뜻이었다. 하지만 전통적인 미디어 입장에서는 여태까지 자신들이 진보 편향적이었다는 사실을 결코 받아들일 수 없었기 때문에 이제부터 정말로 '공정하고 균형 잡힌 보도'가 무엇인지 보여주겠다고 결심했다. 그래서 어떤 논점을 다루더라도 양쪽 입장을 모두 보도하기 시작했다.

그 결과 아이러니하게도 보도의 객관성이 높아지기는커녕 정확한 뉴스 보도에 집중하기가 더욱 힘들어졌다. 각 당의 지지자들이 필사적으로 자기 목소리를 내려고 하는 상황 속에서 실제로 자기 불만을 토로할 수 있는 플랫폼을 마련해버리면, 진실을 말해야 한다는 저널리즘의 높은 표준은 더욱 흔들 릴 수밖에 없다. 하지만 전통적인 언론은 이를 감수하고자 했다. 언론이 객관성에 집착한 결과, 사실 문제를 전달할 때조차 모든 입장에 '균등한 시간'을 배정하고 양쪽 이야기 모두를 공평하게 전달하고자 하는 양상이 나타났다. 만약 찬반 의견이 갈리는 주제였다면 이러한 태도가 합리적이라거나 바람직하다고 생각할 수 있다. 하지만 사실 문제를 전달하는 보도에서는 재앙과도 같았다. 언론은 실제로는 믿을 만한 양쪽 입장 같은 것이 존재하지 않는 주제를 다룰 때도 '동일 시간 배분'의 원칙을 따르느라 양쪽 입장 사이에서 '기계적 중립성'을 지키게 되었다.

과학부인주의자들이 객관성에 대한 언론의 집착을 어떤 식으로 이용했는지는 이미 제2장에서 살펴보았다. 그들은 자신들의 주장을 펼치기 위해 더 이상 전면광고를 실을 필요가 없었다. 어떤 과학적인 주제에 대해 '다른 연구'가 존재하는데도 언론이 해당 연구를 다루지 않으면 그것은 그 언론이 편견에 사로잡혔기 때문이라고 겁박을 주기만 하면 되었다. 미끼를 물어버린 언론은 기후변화나 백신과 같은 과학적인 문제조차 '논란이 많은 이슈'라고 착각하면서 양쪽 입장을 모두 보도하기 시작했다. 사실 그 '논란'은 경제적으로나 정치적으로 이해관계가 얽혀 있는 사람들이 꾸며낸 거짓인데도 말이다. 허위 정보를 퍼뜨리려는 시도를 언론마저 방조하는 가운데 결국 일반 대중은 엄청난 혼란에 빠지게 되었다.

기후변화가 정치적 이슈로 떠오르기 훨씬 전인 1988년, 조지 부시 대통령은 백악관 차원에서 '지구온난화 현상'과 맞서 싸우겠다고 약속했다.[24] 하지만 불과 몇 년 뒤 지구온난화는 지극히 당파적인 논점으로 탈바꿈했다. 그 사이에 석유 회사들은 자신들이 원하는 결과를 도출해줄 '연구'를 지원하기 시작했고 미디어로 하여금 연구 결과를 보도하게 만들었다. 동시에 그들은 정부 관료들에게 자금을 후원하고 로비를 벌이기도 했다. 우리는 이제 이러한 활동들이 무엇을 의미하는지 이해한다.

전 세계 기후학자들이 기후변화가 진행되고 있고 인간이 어느 정도 책임이 있다는 합의에 이르렀는데도 불구하고 진실을 흐리기 위해 조작된 의혹이 만들어진 것이다. 하지만 과학자들의 힘만으로 이 문제에 대항하기에는 너무나 거대한 금전적인 이해관계가 얽혀 있었다. 또한 '회의론자'들이 존재하는 이상 언론 역시 기후변화를 논란이 많은 이슈로 보도해야 한다는 강박에서 벗어날 수 없었다.

이러한 실태를 고발한 초창기 내부 고발자 가운데는 제임스 핸슨James Hansen이 있다. 1988년에 핸슨이 의회에서 증언한 덕분에 미국 상원에는 두 개의 법안이 발의되기도 했다.

핸슨은 미국항공우주국NASA의 고다드우주연구소Goddard Institute for Space Studies 소장을 지냈던 기후변화 분야에서 손꼽히는 전문가 중 하나였다. 그런 핸슨조차도 사실 문제에 객관성을 강요하는 언론의 행태에 수모를 겪은 뒤 이렇게 회상했다.

나는 늘 모두에게 골고루 책임이 있다고 생각했지만 어느 공영 방송에 출연하기 직전에 생각이 바뀌었다. 프로듀서는 나에게 지구온난화를 문제 삼는 '반대자'도 프로그램에 반드시 포함될 것이라고 통보했다. 요즘은 반대 입장도 제시하는 것이 라디오나 신문은 물론 민영 방송에서도 당연한 관행이라는 것이다. 또한 공영 방송의 후원자나 광고주는 특별한 이해관계가 걸려 있으니 계속 재정적인 지원을 받고 싶다면 '균형'을 맞추라고 요구한다고 했다. 앨 고어Al Gore가 지적한 대로, 심사를 거친 과학 저널 중 어떤 논문도 인간의 활동으로 배출된 배기가스가 지구온난화를 유발한다는 결론에 의문을 제기한 적이 없는데도 최근 신문 기사 중 절반 이상은 기후변화를 반박하는 입장 역시 똑같은 비중을 두고 다루고 있다. 결국 과학적인 증거가 충분한데도 기술적으로 사소한 흠을 찾아내 문제 삼는 반대자들 때문에, 대중은 아직도 과학자들이 기후변화가 실재하는지 혹은 기후변화의 원인이 무엇인지를 두고 논쟁을 벌이고 있는 줄 착각한다.[25]

핸슨이 방송에 출연해 겪은 일도 크게 다르지 않았다. 그날 밤 양쪽으로 분할된 TV 화면에는 한쪽에 과학자들이, 다른 쪽에 회의론자들이 나와서 논쟁을 벌였다. 사회자는 양쪽에 거의 동일한 발언 시간을 배정했고 기후변화를 '논란이 많은 문제'라고 발표했다. 이 시기 TV 뉴스쇼는 대부분 "저희가 보도할 테니 여러분은 결정하세요."라는 폭스뉴스의 슬로건을 모방하는 것 같았다.

당연히 대중은 혼란을 겪었다. 기후변화 문제가 과학적으로 논란이 있다는 말인가 없다는 말인가? 만약 논란이 없다면 방송에서는 왜 굳이 논란이 있는 것처럼 진행하는 것일까?

언론은 자신들이 당파적인 이슈에서 특정한 입장을 지지해서는 안 된다고 생각했을지도 모른다. 하지만 조금만 조사를 해봐도 과학자들 사이에 의견 충돌이 없다는 사실을 파악할 수 있었는데도 그러한 태도를 고수한 것은 분명 언론의 실책이었다. 사실 객관성이 필요한 이유도 진실과 거짓에 균등한 시간을 주기 위해서가 아니라 진실 자체를 전달하기 위해서 아닌가? 과학자들은 기후변화 문제에서 이미 합의에 도달했으므로 당시 남아 있던 '논란'은 석유 회사와 석유 회사의 거짓말에 동조하는 사람들이 만들어낸 정치적 논란밖에 없었다. 하지만 실제로 과학적인 논란이 없었음에도(마치 40년 전에 담배와 암 사이의 연관성에 대해 과학적 논란이 없었던 상황과 똑같다) 결국 대중은 논란이 존재한다고 생각하게 되었다.

뉴스에서 봤다는데, 누가 대중을 욕할 수 있을까? 언론은 자신들이 편향되지 않았다고 주장하면서도 빠져나갈 구멍을 만들어두느라 정작 '진실을 전달하는 일'은 도외시하고 있었다. 조작된 의혹을 가지고 진실에 대한 혼란을 퍼뜨리고자 했던 자들의 손에 제대로 놀아난 것이다. 언론은 어째서 그런 잘못을 저질렀을까? 부분적으로는 보도에 태만했기 때문이다. 한 해설자는 이렇게 평한다.

> 객관성은 뉴스 보도가 게을러질 구실을 제공한다. 마감 시간이 다가오는데 '양쪽의 입장 전달'까지 조사해뒀다면 그걸로 충분하다고 생각하는 것이다. 물론 그러한 이야기들도 논의의 한도를 제시한다는 점에서 독자들에게 아무런 가치가 없는 것은 아니다. 하지만 우리는 번번이 '최신 기사'에만 집착하느라, 무엇이 진실이고 무엇이 거짓인지 더 깊이 이해하기 위해 이야기를 확장하는 데에는 실패한다.[26]

이는 끔찍한 결과로 이어질 수 있다. 이미 참이라고 알고 있는 사실이 있는데 반대되는 거짓 논리를 접하는 순간 의도적 합리화 현상이 싹틀 수 있기 때문이다. 정치꾼은 미디어를 이용하고 있고 미디어는 시청자를 오도하고 있다. 물론 게으

름 말고 다른 요인도 있다. 바로 '이윤'이다. 언론계에서 점점 경쟁이 심화되면서 방송국들은 어느 정도 드라마를 품고 있는 '이야기'를 찾기 시작했다. 트럼프가 자신의 책《거래의 기술The Art of the Deal》에서 서술한 내용 중 단 하나의 진실이 있다면 그건 바로 미디어가 진실보다 논란을 더 좋아한다는 점이다.[27] 언론이 복잡한 주제를 다루다 보면 실수를 범할 수도 있는 것인데 이처럼 언론을 비난하는 이유는 무엇일까? 똑같은 실수가 또 일어났기 때문이다. 이번에는 1998년 앤드루 웨이크필드Andrew Wakefield의 가짜 연구에 기반해 백신과 자폐증이 상관관계를 가지고 있다는 보도가 이루어졌다.

이번 논란은 특히 드라마틱했다. 병든 아이들과 슬퍼하는 부모들이 등장했다. 할리우드 유명 인사들도 편을 들어주었다. 어쩌면 백신 업계에서 음모를 꾸미고 있고 정부가 뒤를 봐주는 것일지도 모른다. 언론은 이번에도 증거를 기반으로 가장 가능성 높은 결론을 제시하는 데 처참히 실패했다. 언론이 참고한 웨이크필드의 연구는 거의 사기에 가까웠다. 웨이크필드는 연구와 숨겨진 이해관계를 가지고 있었고, 실험을 재현할 수 없었으며, 의사 면허를 취소당한 상태였다. 백신이 자폐증과 상관성이 있다는 주장이 한창 관심을 끌던 2004년에도 이런 정보들은 밝혀져 있었다. 나중에 웨이크필드의 연구가 거짓이고 사기라는 보고가 확정적으로 나왔을 때에는 이미 걷잡을 수 없는 피해가 몰아친 뒤였다. TV에서 수년 동안 찬반 논쟁을 벌인 대가가 치러진 것이다. 백신 접종률이 곤두박질쳤고 한때 거의 박멸된 질병이라고 여겨졌던 홍역이 14개 주의 84명에게서 다시 나타났다.[28]

　TV 뉴스뿐 아니라 종이 언론도 비난을 피해갈 수 없다. 2004년 〈지구온난화 문제를 다루는 미국 주요 신문들의 편향된 균형Balance as Bias:Global Warming and the US Prestige Press〉이라는 논문에서 맥스웰 보이코프Maxwell Boykoff와 줄스 보이코프Jules Boykoff는 '균형 잡힌 보도'라는 개념이 《뉴욕타임스》,《워싱턴포스트》,《LA타임스》,《월스트리트저널》로 하여금 대중이 기후변화 문제를 완전히 오해하도록 만들었다고 지적한다.[29] 여기서 거론되는 문제는 정치적 편향에 관한 문제가 아니라 학자들이 '정보 편향information bias'이라고 부르는 문제와 관련되어 있다. 정보 편향이란 기자들이 정보를 수집하고 뉴스를 보도하는 방식이 전달해야 할 진실을 왜곡하는 결과를 가져오는 현상을 말한다. 요컨대 이 경우에는 '주요 신문사들이 지구온난화에 대해 보도하는 내용이 과학계에서 합의한 내용으로부터 벗어나는 현상'을 가리킨다.[30] 어떻게 이런 일이 벌어진 것일까? 객관성, 공정성, 정확성, 중립성이라는 저널리즘의 가치에 고착하는 것이 어째서 진실로부터 멀어지는 결과를 낳은 것일까? 균형 잡힌 보도를 해야 한다는 압력에 굴복한 언론이 열성 당원들(결국 언론을 진실로부터 떨어뜨려 놓을 때 이득을 보는 사람들)이 제공하는 정보마저 모두 받아들였기 때문이다. 그 결과 극단적인 의견에도 지나친 신뢰성을 부여하는 '반대 담론'이 형성되었다. 균형 잡힌 보도 때문에 소수의 지구온난화 회의론자들이 내놓은 의견이 다수의 의견처럼 확장되어 보였다.[31] 문제는 지극히 단순했다. 요리를 하면서 썩은 재료를 하나만 넣더라도 요리 전체가 썩은 맛이 나는 것과 유사하다.

균형 잡힌 보도가 목표로 한 것은 중립성이었다. 기자들은 중요한 문제라면 어떤 문제를 다루든 찬반 양쪽에서 적당한 대변인을 찾아 양쪽 입장 모두를 제시해야 하며 양쪽에 거의 동일한 주의를 기울여야 한다고 생각했다.[32]

하지만 균형을 좇다보면 종종 사실 확인 절차를 빠뜨릴 위험이 있다.

일반적인 기자라면 학술적인 훈련을 받았다고 할지라도 혼자 힘으로 주장의 타당성을 검증할 시간도 전문성도 가지고 있지 않다.[33]

결국 과학적인 문제가 보도되는 방식에 따라 이익을 얻을 수 있는 이념적인 '전문가들'이 활개를 칠 수 있는 환경이 만들어졌다.

지구온난화 문제를 다룰 때도 이런 일이 생겼다. 앞에서 언급한 1998년에 미국석유협회가 주최한 회의와 그 이후에 유출된 전략 문서 내용을 기억하는가? 당시에 석유 회사들이 고용한 '독자적인 과학자들'은 제값을 톡톡히 해냈다. 보이코프는 언론이 편향된 방식으로 기후변화를 보도한 요인 중 하나가 바로 미국 석유 회사의 홍보 전략이 성공을 거뒀기 때문이라고 직접적으로 밝힌다.

미국 주요 신문사가 보도한 기사들 중 대다수가 중립적인 설명을 담으려고 했다. 즉, 인간이 지구온난화에 악영향을 끼치고 있다는 의견과 오로지 자연적인 흐름 때문에 지구의 기온이 상승한다는 의견 양쪽에 '거의 균등한 주의'를 기울이려고 했다.[34]

TV 언론과 마찬가지로 신문 역시 정치꾼들의 술수에 놀아난 것이다.

미디어의 쇠퇴가 탈진실에 미친 영향

오늘날 저널리즘의 전통적인 가치를 지키려는 미디어는 절망적인 상황에 빠져 있다. 개인 의견에 기반을 둔 내용, 때로는 논평조차 붙이지 않는 내용을 내보내는 방송이 점점 더 인기를 얻으면서 시장 점유율을 잃어버리고 있을 뿐만 아니라 진실을 옹호하려고 최선을 다하고 있는데도 편향된 방송이라는 비판을 뒤집어쓰고 있다. 대통령이 거짓말을 하고 있기에 거짓말쟁이라고 말하면 사람들로부터 비난을 받는다. 과학적 사실에 의혹을 퍼뜨리려는 사람들을 무시하면 한쪽 이야기만 들려준다고 비난을 받는다. 일부 주류 신문사와 방송사가 저널리즘의 가치가 추앙받고 권위가 존중받는 '좋았던 시절'로 돌아가고 싶어 하더라도 전혀 이상할 것이 없다.[35]

하지만 그들의 기대와 달리 전통적인 미디어는 맹비난을 받고 있다. 도널드 트럼프는 본인 마음에 들지 않는 뉴스 보도를 모두 '가짜 뉴스'라고 부르기 시작했다. 선거 유세 중에는 언론인을 가리켜 "지구상에서 가장 부정직한 인간 부류 중 하나"라고 일컫기도 했다.[36] 그런데 트럼프의 발언이 대중에게도 통했다. 최신 갤럽Gallup의 여론조사에 따르면 대중 매체에 대한 미국인들의 신뢰도는 전례 없는 바닥을 경험하고 있다. 워터게이트 사건과 베트남전의 여파가 채 가시지 않은

1976년에 72퍼센트에 달했던 신뢰도 수치가 지금은 32퍼센트까지 추락한 것이다.[37]

이러한 상황 역시 탈진실로 향하는 또 다른 발판일 뿐이다. 이제 어느 뉴스든 당파심이 강한 시청자가 너무나 많기 때문에 전통적인 미디어와 대안적인 미디어의 경계가 모호해졌다. 또한 점점 더 많은 사람들이 진실성과는 동떨어진 가치를 추구하는 출처로부터 뉴스를 확인하려고 한다. 사실 오늘날에는 어떤 미디어가 편향되었는지 구분하기조차 쉽지 않다. 따라서 어차피 모든 미디어가 편향되었다고 믿는 사람들은 자신에게 유리한 쪽으로 치우친 미디어를 선택하더라도 아무런 차이가 없을 것이라고 생각한다. 대선 이후 여러 미디어의 신뢰성을 측정해 표로 만들어온 사람들은 오히려 신체적 위해를 가하겠다는 협박을 받기도 했다.[38]

소셜미디어가 주목을 받으면서 이러한 정보 대혼란은 더욱 심각해졌다. 인터넷상에서는 사실과 의견이 뒤죽박죽 섞여서 나타나는데 무슨 정보를 믿어야 할지 누가 알겠는가? 여과 장치도 검증 장치도 없는 미디어를 이용하는 오늘날의 시청자들과 독자들은 순전히 당파적인 의견에 끊임없이 노출되고 있다. 어차피 주류 언론의 권위는 바닥에 떨어졌기 때문에 프로파간다를 퍼뜨려 이익을 얻는 사람들은 더 이상 언론이 자신에게 유리한 이야기를 전달하게 만들려고 애쓸 필요가 없다. 이제 자신들의 미디어 창구를 이용해 직접 퍼뜨리면 된다.

만약 그것마저 실패한다면 '트위터'라는 최후의 보루가 있다. 미디어가 적이라고 생각한다면 트럼프처럼 직접 사람들에게 메시지를 전달하면 된다. 미국 대통령 의견을 중간 과정도 없이 바로 확인할 수 있는데 굳이 사실 검증 과정을 거쳐야 할 이유가 있을까?

진실을 끌어내릴 준비는 모두 갖춰졌다.

제5장

소셜미디어의 출현과
가짜 뉴스의 범람

The Rise of Social Media
and the Problem of Fake News

인터넷에서 읽는 모든 것을 믿지
는 말라.

　　　　　　　　　－ 토머스 제퍼슨*

전통 미디어의 쇠퇴는 상당 부분 인터넷이 초래한 결과라고
할 수 있다. 미국에서 종이 신문 발행 부수가 정점을 찍은 해
는 1984년이었다.[1] 그러다가 케이블 TV에 시장 점유율을 빼
앗기면서 내리막이 시작되었고, 1990년대에 월드와이드웹
World Wide Web이 광범위한 규모로 보급되면서 크게 추락하기
시작했다. 2008년에 경제위기가 닥치자 많은 신문사들이 자
기 파멸적인 악순환에 빠져들었다. 수익이 떨어지자 직원을
줄였고 직원을 줄이자 생산력이 떨어졌으며 생산력이 떨어
지자 구독자가 계속 이탈했다.

---

*실제로 토머스 제퍼슨이 한 말이 아니라 일종의 인터넷 밈(meme)이다. 18세기를 살던 제퍼
　슨이 인터넷에 대한 격언을 남겼을 리 없음에도 그 말을 믿는 사람에 대한 조롱이 섞인 농담
　이다. ―편집자

최근 몇 년 간 분석가들은 신문사들이 종이 신문의 비중을 점점 줄일수록 신문을 구매하는 독자들도 줄어들 것이라고 경고했다. 그럼에도 많은 신문사들이 종이 신문을 물리적으로 훨씬 더 얇게, 더 작게 만들었으며 그만큼 기사의 양도 크게 줄어들었다. 당연히 신문을 작성하는 편집실 직원들도 줄어들었다. 골드만삭스Goldman Sachs에서 분석가로 일하는 피터 애퍼트Peter Appert는 이렇게 말한다. "신문 편집의 질에 아무 영향을 주지 않으면서도 비용을 대폭 삭감한다는 것은 제가 볼 때 불가능해 보입니다. 이것이 판매 부수를 떨어뜨리는 원인이라고 증명할 수는 없겠지만, 신문사가 밤새 일하도록 만드는 요인이라고 확신할 수는 있습니다."[2]

2016년 퓨 리서치 센터에서 내놓은 '뉴스 미디어 현황'에 대한 보고서는 악몽 같은 현실을 제대로 보여준다.

신문사들은 2015년에도 불황을 겪었다. 평일 발행 부수는 7퍼센트 감소했고 일요일 판매 부수는 4퍼센트 감소했다. 둘 다 2010년 이래로 가장 큰 감소폭이었다. 한편 광고 수익은 전년 대비 8퍼센트 가까이 떨어져 2009년 이래로 최대 감소폭을 보였다. …… 편집실 직원 수는 가장 최신 데이터인 2014년 자료를 기준으로 10퍼센트 감소했으며 이는 2009년 이래로 가장 큰 감소폭이었다. 지난 20년 동안 신문 업계 전체 종사자 수는 39퍼센트가 감소했으며 이는 약 2만 명에 해당한다.[3]

한편, 주요 방송국과 케이블 TV 역시 나름의 하락세를 겪고 있었다. 제4장에서 살펴본 것처럼, 1990년대부터 이미 사실 기반의 탐사 보도가 의견 기반의 권위자 인터뷰로 대체되기 시작했다. 신문사는 물론 방송사 역시 비용을 줄이기 위해 외신 담당 부서를 축소하거나 폐지하고 대신 국내 보도에만 집중했다.[4] 물론 2015년 기준으로는 (적어도 수익이나 시청률 측면에서는) 앞날을 내다본 결정이라고 할 수 있었다. 수십 년에 한 번 나올 법한 큼지막한 뉴스거리들이 미국 내에서 생겨났기 때문이다.

방송사 입장에서 2016년 대선은 빅히트를 친 사건이었다. 시청자 수가 폭발적으로 증가했고 수익이 굴러들어오기 시작했다. CNN은 2016년에 10억 달러의 총수익을 거두면서 창사 이래 최고의 해를 보냈다.[5] 이미 케이블 방송 중 최고의 수익을 거두고 있던 폭스뉴스는 16억 7,000만 달러에 이르는 수익을 벌어들였을 것으로 추정된다.[6] 대중은 밤낮을 가리지 않고 대선 보도를 갈구했다. 전년 대비 주간 시청자 수가 폭스는 60퍼센트, CNN은 75퍼센트, MSNBC는 83퍼센트 상승했다.[7]

어떻게 이런 일이 가능했던 것일까? 방송사들은 대중이 원하는 것을 보여줬다. 다시 말해서 도널드 트럼프라는 인물을 집중 취재했다. 특히 폭스뉴스는 기꺼이 트럼프 선전원 역할을 했다. 자신들의 보도를 공화당을 위한 프로파간다 수준으로 떨어뜨린 방송사들도 있었다.[8] 심지어 CNN마저 트럼프의 유세 과정을 빠짐없이 생중계로 내보냈다. 내용을 조사하지도, 논평을 붙이지도 않았다. 한 추산에 따르면 2016년 대선 기간에 케이블 뉴스 방송이 트럼프에게 무료로 제공한 미디어 노출 기회를 돈으로 환산한다면 50억 달러 가치에 이른다고 한다.[9] 물론 방송국 역시 이익이 있었기에 그렇게 한 것이다. 트럼프는 황금알을 낳는 거위나 마찬가지였다. 트럼프가 뉴스 보도를 통해 이익을 얻는 만큼 방송국 역시 트럼프 뉴스로 수익을 얻었다.

트럼프의 거짓말을 확인해야 할 의무를 잊어버린 것 역시 이러한 배경 때문이었을 것이다. 거의 모든 방송사들이 진실을 말해야 한다는 높은 표준 대신 과학적인 주제를 다룰 때 이미 활용했던 '기계적 중립성'의 원칙에 고착했기 때문이다. 그들은 어떤 화제를 다루든 전문가 패널 자리에 트럼프 지지자와 클린턴 지지자를 모두 세웠다. 어떤 사람들은 CNN이 트럼프 당선에 일조했다고까지 말한다.[10] CNN 사장 제프 저커Jeff Zucker가 그런 일을 할 인물은 아니지만, 본인도 "우리가 작년에 실수한 것이 있다면 대선 초기에 트럼프의 선거 유세 방송을 너무 많이 내보내서 널리 퍼뜨린 것"이라고 시인한다.[11] 한편 트럼프는 유세 때마다 매번 미디어의 권위를 떨어뜨렸다. 기자들은 제한된 구역을 벗어날 수 없었고 트럼프가 연설하는 동안에는 카메라를 관중 쪽으로 돌릴 수도 없었다. 방송사들이 '트럼프 특수'를 즐기는 대신 그러한 조건을 따르기로 동의했기 때문이다.

소셜미디어의 등장

이처럼 신문사들은 간신히 연명하면서 버티고 있고 방송사들은 자사의 이익에만 급급한 상황 속에서, 언론 매체에 불만이나 불신을 가진 대중은 어디로 가야 했을까? 답은 '소셜미디어'였다.

2004년에 페이스북이 처음 만들어질 때만 하더라도 페이스북은 지역 카테고리 안에서 사용자들이 '이미 알고 있는 친구'와 소통을 하거나 새로운 친구를 사귈 수 있도록 연결해주는 사회관계망 사이트에 지나지 않았다. 사용자들은 서로 자신의 생각을 공유하고 동일한 관심을 가진 사람들끼리 모여 커뮤니티 활동을 즐기기도 했다. 하지만 성장을 거듭하면서 페이스북은 통합 뉴스 제공 사이트로서 힘을 얻게 되었다. 이는 단순히 사람들이 자신의 페이지에 뉴스 기사를 공유해서 생긴 결과가 아니었다. 페이스북은 페이지 우측에 화제의 기사를 보여주는 '트렌딩Trending' 탭을 직접 관리(및 편집)하고 있었다. 트렌딩 탭은 '좋아요like' 기능을 기반으로 작동했기 때문에 사람들이 보고 싶어 할 만한 뉴스 기사만 겨냥해 전시되었다. 자연스럽게 다른 회사들도 소셜미디어 사업에 관심을 갖기 시작했다. 사용자가 직접 콘텐츠를 생성하는 네트워크를 만드는 데에서 더 나아가 다른 출처에서 기사를 끌어오는 대안 뉴스 네트워크를 만들고 싶어 했다. 그렇게 2005년에 유튜브가, 2006년에 트위터가 만들어졌다.

소셜미디어가 새로운 뉴스 매체로 떠오르면서 사실과 의견의 경계는 더욱 흐려졌다. 사람들은 블로그나 대안 뉴스 사이트 등 어딘지도 모를 출처에서 정보를 가져와 모든 내용이 사실인 것처럼 공유했다. 2016년 미국의 대선 열기가 뜨거워지자 소셜미디어에 올라오는 콘텐츠는 점점 더 당파적인 성격을 띠기 시작했다. 기술의 발전 덕분에 의도적 합리화 정신을 부추기기 좋은 환경이 만들어진 것이다. 사람들은 입맛에 맞지 않는 전통 미디어의 사실 정보 대신 정확성이 검증되지 않았더라도 자신이 듣고 싶은 말을 들려주는 '뉴스' 기사만 클릭할 수 있게 되었다. 자신도 모르는 사이에 확증 편향을 강화시키는 행동을 하는 것이다. 전통적인 미디어와 달리 공짜로 뉴스 정보를 얻을 수 있다는 사실 역시 이러한 흐름을 부추겼다. 관심 있는 사건에 대해 소셜미디어의 '친구'들이 끊임없이 할 말을 쏟아내는데 굳이 신문을 구독해야 할 이유가 무엇일까? 그곳에 '주요 언론'이 설 자리는 없었다.

최근 퓨 리서치 센터 여론조사에 따르면, 미국 성인 중 62퍼센트가 소셜미디어에서 뉴스를 확인한다고 답했으며 그중 71퍼센트는 페이스북에서 뉴스를 확인한다고 답했다. 이는 미국 성인 인구 중 44퍼센트가 페이스북을 통해 뉴스를 접한다는 의미다.[12] 사람들이 뉴스를 접하는 출처와 방식에 거대한 변화가 생겨버렸다. 검증하고 편집하는 과정이 한층 더 약화된 상황 속에서 무슨 수로 신뢰할 만한 정보를 가려낼 수 있을까? 전통적인 뉴스 미디어가 아예 사라진 것은 아니지만, 어떤 정보가 믿을 만한 출처에서 나왔고 사실을 기반으로 하고 있는지 구분하기가 점점 더 어려워지고 있다. 그만큼 자신의 견해와 일치하는 뉴스만 선택적으로 읽고 믿어버리는 사람들도 존재한다.

결과적으로 정보의 양극화와 파편화를 부추기는 '뉴스 사일로' 문제가 대두된다.[13] 소셜미디어를 통해 뉴스를 확인한다는 말은 자신과 정치적 견해가 다른 사람을 '친구 삭제' 하듯이 자기 마음에 들지 않는 뉴스 출처를 무시할 수 있다는 뜻이다. '뉴스피드News Feed'에 올라오는 정보들의 진실 여부는 페이스북 친구들의 검증 실력에 맡기거나 '좋아요' 개수를 기준으로 기사를 선별하는 페이스북 알고리즘의 능력에 맡길 수밖에 없다. 누군가 수고를 들여 발견한 믿을 만한 정보를 즉시 접할 수 있게 해주는 '인터넷'이라는 공간이 어떤 사람들에게는 그저 반향실echo chamber(소리가 증폭되도록 설계된 밀폐된 공간으로 비슷한 의견에 둘러싸여 편견이 강화되는 현상을 비유─옮긴이)에 지나지 않는다니 참으로 아이러니한 일이다. 이는 참으로 위험한 일이기도 하다. 관리감독을 거치지 않은 정보가 때때로 '뉴스'라는 이름을 달고 나오다 보니 자신이 속고 있다는 사실조차 인식하기가 어렵다.

　내가 일곱 살 때 하루는 어머니랑 같이 동네 슈퍼마켓에 간 적이 있었다. 장을 다 보고 계산대 줄에 서 있는데 깜짝 놀랄 만한 신문 기사 헤드라인이 눈에 들어왔다. 어머니한테 말씀드리자 어머니는 "아이고, 저건 쓰레기란다.《내셔널 인콰이어러National Enquirer》잖니. 쟤네들이 찍어내는 건 죄다 거짓말이야. 저런 거 믿으면 안 돼."라고 말씀하셨다. 그리고 나서 어머니는 내게 어떻게 내용을 읽어보지도 않고 사실이 아닌 걸 확신하셨는지, 그리고 어떻게 신문사에서 거짓말인 걸 알면서도 기사를 그대로 낼 수 있는지에 대해 진지하게 말씀해 주셨다. 사실《내셔널 인콰이어러》는 아직도 마트 계산대에 가면 인쇄물 형태로 찾아볼 수 있다.

지금부터 21세기 사고 실험을 하나 해보자. 당신은 집에 《내셔널 인콰이어러》와 《뉴욕타임스》를 한 부씩 가져온다. 그리고 뉴스 기사 부분을 가위로 오려낸다. 이제 오려낸 기사를 나란히 정렬한 다음에 그대로 스캔을 떠서 전자 파일 형태로 만든다. 그다음 글씨만 봐서는 어느 신문 기사인지 구별할 수 없도록 폰트를 조정한다. 이렇게 놓고 보면 어떤 기사가 진실인지 한눈에 알아차릴 수 있을까? 안타깝게도 오늘날 페이스북, 구글, 야후와 같은 통합 뉴스 제공 사이트에서 뉴스를 전시하는 방식이 이와 같다. 기사의 출처를 확인하면 된다는 사람도 있겠지만 어떤 출처가 믿을 만한지는 확신할 수 있을까? 출처에 《뉴욕타임스》라고 적혀 있다면 신뢰할 만하다고 생각할 것이다. 하지만 '인포워스InfoWars'라고 적혀 있다면? '뉴스맥스Newsmax'라거나 'ABC뉴스닷컴닷시오 ABCNews.com.co'라면?

요즘에는 뉴스의 출처가 너무나 많기 때문에 신경 써서 확인하지 않으면 어디가 신뢰할 만하고 어디가 신뢰할 만하지 않은지 구분하기가 거의 불가능에 가깝다. 게다가 일부 뉴스 공급원들은 최대한 믿을 만한 출처처럼 보이기 위해 교묘하게 위장하기도 한다. 'ABC뉴스닷컴닷시오'는 'ABC뉴스'에 속한 것처럼 보이지만 사실 아무런 관련이 없다. 전통적인 방식으로 사실 확인 과정을 거친 기사가 있다고 한들 온갖 거

전통적인 방식으로 사실 확인 과정을 거친 기사가 있다고 한들 온갖 거짓말이나 선동과 섞여 있는데 무엇이 진실인지 어떻게 구분할 수 있을까? 정치적 이념을 내세우려는 자들이 사람들의 무지와 편향을 이용하기에 너무나도 적절한 환경이 갖추어지고 말았다.

짓말이나 선동과 섞여 있는데 무엇이 진실인지 어떻게 구분할 수 있을까? 정치적 이념을 내세우려는 자들이 사람들의 무지와 편향을 이용하기에 너무나도 적절한 환경이 갖추어지고 말았다.

가짜 뉴스의 역사

'가짜 뉴스'는 2016년 미국 대선에서 처음 생겨난 것도 소셜미디어가 출현하면서 함께 생겨난 것도 아니다. 사실 어떤 사람들은 '뉴스'라는 개념이 탄생하는 순간 가짜 뉴스 역시 함께 나타났다고 주장한다.

요하네스 구텐베르크Johannes Gutenberg가 1439년에 인쇄술을 발명한 이후 뉴스가 널리 유포되기 시작하면서 가짜 뉴스 역시 함께 등장했다. 당시 시대에는 어떤 뉴스가 '진짜' 뉴스인지 확인하기가 쉽지 않았기 때문이다. 정치 및 종교 기관에서 내놓은 공식적인 출판물부터 어부나 상인이 직접 목격하고 증언한 내용까지 정보원은 넘쳐났지만, 언론 윤리라든가 객관성과 같은 개념은 존재하지 않았다. 사실을 확인하기를 바라는 독자들은 면밀한 주의를 기울여야만 했다. …… 사실, 가짜 뉴스는 검증을 거친 '객관적인' 뉴스보다 훨씬 오랫동안 우리 곁

에 있었다. 객관적인 뉴스는 기껏해야 20세기부터 나타나기 시작했다.[14]

가짜 뉴스는 여러 시대를 거치고도, 심지어 과학 혁명과 계몽운동을 거치고도 살아남았다. 프랑스 혁명 직전에는 정부가 거의 파산했다고 주장하는 팸플릿이 파리에 수도 없이 나돌았다. 하지만 실상은 정치적 반대 세력이 수치를 조작하고 무고한 대상을 겨냥해 만들어낸 가짜 뉴스였다. 결국 충분한 정보가 드러나 사람들이 진실을 이해하기는 했지만 오늘날과 마찬가지로 독자들은 늘 의심을 품고 노련하게 진실을 파악해야 했다.[15] 미국 독립 혁명 당시에는 영국 본토와 아메리카 식민지 양쪽에서 가짜 뉴스가 만들어졌다. 그중 벤저민 프랭클린Benjamin Franklin은 '머리 가죽을 벗기는 관습'을 가진 인디언들이 영국 국왕 편에 서 있다는 거짓을 꾸며내기도 했다.[16]

다른 곳과 마찬가지로 미국에서도 가짜 뉴스가 계속되었다. 그러다가 마침내 '객관성'이라는 표준이 떠오르기 시작했다. 마이클 셔드슨Michael Shudson은 놀라울 만큼 명쾌하고 깊이 있는 책《뉴스를 찾아서Discovering the News》를 통해 이렇게 설명한다.

1830년대 이전에 객관성은 논란거리가 아니었다. 미국 신문들은 중립적인 관점이 아니라 당파적인 관점에서 보도하는 것을 당연한 일로 여겼다. 사실 당시 신문들은 현재 우리가 이해하는 '오늘의 뉴스' 자체를 보도하지 않았다. 우리가 알고 있는 뉴스 개념은 잭슨 시대Jacksonian era(미국의 7대 대통령 앤드루 잭슨이 집권하면서 민주주의가 비교적 발전한 시기—옮긴이)에 와서야 형성되었다.[17]

잭슨 시대에 어떤 일이 있었기에 순전히 사실에 기초한 초당파적인 뉴스가 나올 수 있었던 것일까?

이는 미국 최초의 뉴스 통신사인 APAssociated Press가 등장한 것과 관련이 있다. 1840년대에 전신이 발명되자, 빠른 속도로 소식을 전할 수 있는 전신의 이점을 활용하기 위해 1848년에 뉴욕의 신문사들이 모여 연합 뉴스 통신사를 조직했다. 다양한 정치적 성향을 가진 다양한 신문사들이 뉴스를 받아 신문을 발행했기 때문에, 연합 뉴스 통신사는 '객관적인' 보도를 내보내야 소속 신문사들은 물론이고 고객들에게도 성공적으로 다가갈 수 있었다. 19세기 후반이 되자 AP의 보도는 단일 신문 보도에 비해 논평으로부터 눈에 띄게 자유로워졌다. 이러한 AP의 관행이 이후 언론계 전체의 원칙으로 자리 잡은 것으

로 보인다.[18]

그렇다고 가짜 뉴스가 사라졌다는 뜻은 아니며, 단일 신문들마저 객관적으로 변했다는 뜻은 더더욱 아니다. AP 덕분에 있는 그대로 보도하는 방식이 덜 편파적일 수 있다는 사실이 드러나기는 했지만 개별 신문사들은 계속해서 자신들이 원하는 방식대로 보도를 했다.

AP가 성장하고 있던 19세기 후반에는 '객관적인 보도' 개념이 아직 언론계의 주된 표준이나 관행으로 자리 잡지는 못했다. …… 20세기로 들어서는 시점에도 주요 신문사들은 '사실'을 얻는 것만큼이나 '좋은 이야기'를 전달하는 데에도 주안점을 뒀다. 기사 내용을 어떻게 선정적으로 전달할 수 있을지를 주로 고민했다.[19]

언론계 거물인 윌리엄 허스트William Hearst와 조지프 퓰리처Joseph Pulitzer가 신문 발행 부수를 두고 경쟁을 벌인 바로 이 시기가 '황색 언론yellow journalism'의 시대라고 불린다. 1890년대 황색 언론이라는 표현이 정확히 어디서 유래했는지 확신할 수 있는 사람은 없다. 하지만 진실을 전달하기보다는 독자를 끌어들이는 데에 더 관심이 많기 때문에 스캔들을 쫓아다니면서 선정적이고 도를 넘는 방식으로 보도하는 언론을 가리켰던 것은 분명하다.[20] 상황은 얼마나 심각했을까? 전쟁이 벌어질 만큼 심각했다. "뉴욕 저널리즘 업계에 허스트가 나타나 격렬한 발행 부수 경쟁을 벌이지만 않았더라면 미국-스페인 전쟁은 일어나지 않았을지도 모른다."[21] 더욱 끔찍한 사실은 전쟁에 불이 붙게 된 계기가 부주의에 의한 우연 때문이 아니라 발행 부수를 늘리려는 의식적인 노력 때문이었다는 점이다.

1890년대에 허스트와 같은 재력가들은 미국-스페인 전쟁을 부추기기 위해 《모닝저널Morning Journal》과 같은 매체를 사용해 사실을 과장되게 보도했다. 아바나Havana(쿠바의 수도—옮긴이)에 파견을 나간 기자가 전쟁이 일어나지 않을 것 같다고 전보를 보내자, 허스트는 길이 회자될 말로 답했다. "그림만 그려서 보내라. 전쟁은 내가 만들 테니." 허스트는 쿠바 관리가 미국 여성을 알몸 수색하는 위조된 삽화를 신문에 내보냈고, 결국 약속대로 전쟁을 만들어냈다.[22]

안타깝게도, 미국-스페인 전쟁 발발에 영향을 준 황색 언론 사건은 이 사건 한 번이 아니었으며 악행을 주도한 사람 역시 허스트 혼자가 아니었다.

1898년에 미국 해군 전함 메인Maine호가 아바나 항 근방에서 폭발해 미국인 250명 이상이 사망하는 사건이 발생했다. 원인은 밝혀지지 않았다. 하지만 황색 언론은 스페인에서 의도적으로 저지른 사건이라고 비약적으로 결론을 내렸다. "메인호를 기억하라"라는 황색 언론의 슬로건은 여론을 전쟁으로 몰아갔다.[23]

하지만 황색 언론의 광기가 절정에 달한 바로 그때 '객관성'이라는 개념이 모습을 드러내기 시작했다.

황색 언론의 선정성이 극에 달해 있던 1896년, 《뉴욕타임스》는 보도 방식으로서 '이야기' 전달 모델 대신 '정보' 전달 모델을 강조함으로써 독보적인 위치에 올라서기 시작했다. 연합통신이 다양한 정치 성향을 가진 고객들에게 호응하려고 사실 정보를 담고자 한 반면, 《뉴욕타임스》는 비교적 상류층에 속하는 부유한 독자들만을 겨냥해 사실 정보를 보도하고자 했다.[24]

중간에 우여곡절도 몇 차례 있었지만 '객관성' 개념은 오늘날에 이르기까지 언론계에서 점점 더 확고히 자리를 잡아갔다. 이제 우리는 뉴스 출처의 객관성을 기대하는 데에 익숙해진 나머지 객관성을 당연한 가치로까지 여기는 수준을 넘어서고 있다.

인터넷 뉴스가 등장하자 우리 세대 언론의 가치관에 의문이 제기되기 시작했다. 그러면서 가짜 뉴스가 다시 강력한 힘을 얻게 되었다. 어떻게 보면 디지털 뉴스가 황색 언론을 다시 전면으로 내세웠다고 할 수 있다.[25]

잠깐 멈춰 생각해보자. 어떤 의미에서 객관성과 공정성은 뉴스 출처로부터 기대할 만한 가치라고 할 수 있다. 역사를 되돌아보면, 돈 많고 힘 있는 사람들은 늘 자신들이 원하는 방식대로 '힘없는 대중'의 생각을 움직일 만한 동기와 수단을 가지고 있었다. 인쇄술이 발명되고 적은 비용으로 상대방의 정보를 알아낼 수 있을 때까지는, 왕(혹은 누구든 당대의 재력과 권력을 손에 쥔 사람)이 자신만의 진실을 만들었다고 해도 과언이 아니다.[26] 그렇기 때문에 설령 가짜 뉴스로 오염된 미디어라고 할지라도 '무료 미디어'라는 존재는 가히 혁명적인 (그리고 최근에야 등장할 수 있었던) 개념이었다. 하지만 그렇다고 우리가 아무런 대가 없이 무료 미디어를 이용할 수 있다거나 진실을 찾기 위해 적극적으로 애쓸 필요가 없다는 뜻은 결코 아니다.

앞서 살펴본 것처럼 뉴스 미디어는 등장 이후로 거의

줄곧 편파적인 성향을 가지고 있었고, 신문은 신문사 소유주의 경제적인 이해관계와 편향적인 태도를 벗어나지 못했다. 사실 지금이라고 달라졌을까? 그럼에도 우리는 객관성을 언론의 당연한 가치로 여기다가 자신이 본 뉴스 출처가 실제로는 전혀 객관적이지 않다는 사실을 깨닫고는 충격을 받는다. 우리는 사실에 기반을 둔 공정한 보도를 늘 기대하지만 실제로 그러한 기대를 언론에 요구하기 위해 그 언론을 금전적으로 지원해본 적이 있는가? 아니면 우리가 무엇을 잃어버리고 있었는지 진심으로 주의를 기울여본 적이 있는가? 그저 기술을 탓하면서 "요즘은 상황이 다르다."라고 주장할 수도 있다. 하지만 기술 자체에는 언제나 가짜 뉴스를 전달하는 수단으로 활용될 가능성이 내포되어 있다. 인쇄기든 전신이든 모두 우리가 언론으로부터 기대하는 가치를 촉진하기도 했지만 저해하기도 했다.

한편 기술은 우리 자신에게도 영향을 미쳐왔다. 인터넷이 등장한 뒤로 뉴스를 접하기가 너무나 쉬워지고 비용이 들지 않는 탓에 우리는 게을러졌다. 특권의식에 사로잡힌 나머지 비판적 사고 능력이 감퇴했다. 사실 이러한 잘못 역시 가짜 뉴스가 다시 나타나기에 적절한 환경을 조성하는 데에 부분적으로라도 기여했을 것이다.

오늘날의 가짜 뉴스

지금까지 가짜 뉴스의 역사에 대해 많은 이야기를 했지만 정작 가짜 뉴스를 정의하지는 않았다. '가짜 뉴스'란 무엇일까? 단지 거짓인 보도를 한다고 해서 가짜 뉴스는 아니다. 의도적인 거짓을 보도해야 가짜 뉴스다.[27] 특정한 목적을 가지고 꾸며낸 뉴스인 것이다. 2016년 미국의 대선 기간이 시작될 무렵에는 '조회 수'를 높이는 것이 목적이었다. 조회 수를 올릴 때마다 주머니에 몇 센트씩 돈이 들어오기 때문에 가짜 뉴스 사이트들은 자극적인 헤드라인을 게시해 사람들이 클릭을 하도록 유도했다. 《내셔널 인콰이어러》가 "힐러리, 6개월 시한부 인생!"과 같은 자극적인 헤드라인을 달아 마트에 오는 사람들이 카트에 잡지를 담도록 유혹하는 것과 마찬가지다. 바로 그때 어둠이 내려앉았다. 몇몇 가짜 뉴스 생산자들이 힐러리에 대해 우호적인 기사를 쓸 때보다 트럼프에 대해 우호적인 기사를 쓰거나 힐러리에 대해 부정적인 기사를 쓸 때 조회 수가 더 높다는 사실을 알아차린 것이다. 당연히 그들이 어디에 집중했겠는가? 이러한 환경 속에서 가짜 뉴스는 단순한 '낚시 기사'에서 '정보 공작' 사태로까지 발전했다. 다시 말해 금전적인 이익을 얻으려는 수단에서 정치적인 술책으로까지 변모했다.

2016년 미국 대선에 나타난 가짜 뉴스는 대부분 발칸 지역을 비롯한 동유럽에서 생성되었다. 2016년 11월 25일,《뉴욕타임스》에서는 "가짜 뉴스 공장의 실태 '결국 다 돈 때문이죠'"라는 기사를 보도했다.[28] 기사에는 조지아공화국의 트빌리시Tbilisi에서 룸메이트 두 명과 같이 살고 있는 대학생 베카 라차비제Beqa Latsabidze가 등장한다. 경제적 어려움을 겪고 있는 라차비제는 구글 광고를 이용해 돈을 벌 계획이었다. 처음에는 힐러리 클린턴에 대해 긍정적인 기사를 올리고 돈이 들어오기를 기다렸다고 한다. 하지만 결과가 썩 좋지 않았다. 그래서 라차비제는 도널드 트럼프에 대해 긍정적인 기사를 써봤고 이번에는 이윤이 제대로 남는다는 것을 깨닫게 되었다. "결국 트럼프였어요. 사람들이 트럼프 얘기만 나오면 미쳐요. 독자들은 트럼프를 좋아해요. 그래서 트럼프에 대해 부정적으로 말하기 싫어요. 트럼프를 부정적으로 그려내면 사람들이 떠날 거예요." 그래서 라차비제는 계속해서 힐러리를 비난하고 트럼프를 두둔하는 이야기를 지어냈으며 수천 달러를 벌어들였다. 가장 수익이 높았던 기사는 순전히 소설에 가까웠는데, 트럼프가 백악관을 차지할 경우 멕시코 정부가 국경을 폐쇄하겠다고 선언했다는 내용이었다. 계속되는 추궁에 라차비제는 자신은 아무런 정치적 의도가 없었으며 단지 돈을 벌려고 했을 뿐이라고 답했다. 또한 자신이 지어낸 이야기를 진짜 뉴스로 착각하는 사람이 있을 리가 없다고 장담했다. "멕시코가 국경을 닫을 거라고 믿는 사람은 절대 없을 거예요." 오히려 라차비제는 자신이 '풍자 글'을 썼을 뿐 '가짜 뉴스'를 만들었다고는 생각조차 하지 않는다고 말했다.[29]

미국의 17개 정보 기관에서 만장일치로 러시아 정부가 해커를 이용해 미국 대선에 적극적으로 관여했다고 결론을 내린 판국에 라차비제의 주장 역시 완전히 의심을 거두고 넘어갈 수는 없다. 러시아 정부가 민주당 전국위원회 컴퓨터를 해킹해 대선을 조작하는 데 사용할 만한 정보를 얻으려고 했다. 또한 트럼프 친화적인 가짜 뉴스가 상당수 러시아에서 러시아 위성을 거쳐 흘러들어 왔다. 과연 힐러리를 비난하는 가짜 뉴스가 만들어지도록 금전적인 유인(혹은 아이디어)을 제공한 배후 가운데 정치적인 세력이 없다고 확신할 수 있을까? 가짜 뉴스의 생산자들은 오직 돈에만 관심이 있었다고 하지만 돈으로 그들을 사주한 자들은 누구였을까? 사실 트럼프를 지지하는 웹사이트 중 100여 개 이상이 마케도니아에 있는 한 작은 마을에 근거지를 두고 있다. 그런데도 이것이 우연의 일치이며 이면에 아무런 정치적인 의도가 존재하지 않는다고 믿어야 할까?[30]

이런 의문이 쉽게 해결되지 않는 이유는 가짜 뉴스 공급원들이 바다를 건너와 미국에서도 활동을 시작했기 때문이다. 라차비제 기사가 나온 지 두 달 만에 《뉴욕타임스》는 또다시 힐러리를 겨냥한 가짜 뉴스의 실체를 밝히는 충격적인 보도를 내놓았다. 데이비드슨 대학Davidson College을 졸업한 '트럼프 지지자' 캐머런 해리스Cameron Harris를 취재하는 데에 성공했기 때문이었다.

해리스는 자신이 개설한 웹사이트 《크리스천타임스Christian Times》를 통해 가짜 뉴스계의 '걸작'을 만들어낸 장본인이다. 가짜 뉴스의 제목은 "오하이오의 한 창고에서 클린턴의 이름에 기표된 부정 투표 용지가 수십만 장 발견되다"였다.[31] 해리스는 자신의 집 식탁에 앉아 부정 투표 용지를 발견한 인물로 가상의 창고 관리인을 떠올린 다음 인터넷에서 영국 투표함 사진을 무단으로 가져와서 기사를 날조해냈다. 무려 600만 명이나 되는 사람들이 기사를 보았다. 라차비제와 마찬가지로 해리스 역시 오로지 돈 때문에 벌인 일이라고 주장했다. 그는 며칠 만에 약 5,000달러를 벌어들였다.

"처음에는 좀 충격을 받았습니다. 사람들이 이렇게 쉽게 믿을 줄은 몰랐어요. 무슨 사회학 실험이라도 벌인 기분이에요." 해리스의 만행이 밝혀진 뒤로 그는 즉시 직장에서 해고당했다. 해리스는 자신이 벌인 일을 후회하면서도 "어차피 '양쪽 진영' 모두 가짜 뉴스를 만든다."는 말로 양심의 가책을

지우려고 했다.[32]

　물론 동기를 함부로 단정해서는 안 된다. 러시아의 2016년 미국 대선 개입 이슈는 FBI와 의회에서 계속 조사를 진행 중인 상태이며, 러시아 정부가 얼마나 조직적으로 관여했는지 아직 확실히 밝혀진 바가 없기 때문이다.[33] 한 가지 확실한 점은, 대선 기간에 활동한 가짜 뉴스 생산자들이 정치적인 의도를 가지고 있었든 가지고 있지 않았든 그들의 행동이 정치적인 영향을 미쳤다는 사실이다. 힐러리의 '부정 투표' 기사를 읽은 사람 중 기사를 진심으로 믿은 사람은 얼마나 되고, 또 그 기사가 투표에 끼친 영향은 얼마나 될까? 마찬가지로, 보수 매체들이 힐러리가 뇌종양이 있을지도 모른다며 내놓은 추측성 기사 중 (노골적인 가짜 뉴스는 아닐지라도) 정치적 의도가 담겨 있는 '역정보'에 해당하는 기사는 몇 개일까? 어차피 순간적인 부주의나 의도적 인식 회피 역시 정치적인 목적에 기여할 수 있지 않은가? 미국 대선 이후, 텍사스 주의 오스틴에서는 에릭 터커Eric Tucker라는 회사원이 길을 가다 버스 여러 대를 발견했다. 터커는 버스 사진을 찍은 뒤, "트럼프 반대 시위에 참석하도록 고용된 용병들이 타고 있는 버스 같다."고 트위터에 올렸다. 터커가 이를 통해 돈을 번 것은 아니었지만 근거 없는 추측만으로 미디어를 오염시키는 데 일조한 것은 분명했다. 터커의 게시물은 트위터에서 1만 6,000회 이상, 페이스북에서 35만 회 이상 공유되었으며, 결국 트럼프한테까지 닿았다. 트럼프는 미디어가 이제 전문적인 시위대까지 선동하고 있다며 트위터에 글을 남겼다.[34]

과학부인주의의 사례를 통해 살펴본 것처럼 세상에는 늘 속이는 자와 속는 자가 존재한다. 진실 입장에서는 둘 다 위험한 존재다. 기후변화를 부정하는 움직임은 처음에는 석유회사의 경제적인 이윤 논리에서 비롯되었을지 모르지만 얼마 지나지 않아 파괴적인 영향을 미칠 수 있는 정치적 이념 문제로 발전했다. 이와 유사하게 가짜 뉴스는 2016년 대선 당시만 하더라도 클릭 횟수를 높이려는 매스컴의 욕심에 불과했을지 모르지만 얼마 지나지 않아 정치적인 공격 수단으로 탈바꿈했다. 결국 '가짜 뉴스'는 특정한 목적을 위해서든 이익을 위해서든 영향력을 위해서든 고의적으로 허위 정보를 생산하고 유포함으로써 사람들로부터 원하는 반응을 이끌어내려는 시도라고 정리할 수 있다. 하지만 동기가 무엇이든 결과는 치명적일 수 있다. 대선이 끝난 지 한 달이 채 지나지 않아 워싱턴의 한 피자 가게에 정신이 이상한 남자 하나가 들어와 총기를 난사했다. 클린턴 부부가 피자 가게에서 아동 성매매 사업을 운영한다는 기사를 읽고 조사를 하러 왔다는 명분이었다. 사건의 원인은 소셜미디어와 극우 사이트에 퍼져 있던 가짜 뉴스 '피자게이트pizzagate' 때문인 것으로 드러났다.[35] 다행히도 다친 사람은 없었다. 하지만 가짜 뉴스의 위험성은 이뿐만이 아니다. 버즈피드Buzzfeed(미국의 뉴스 및 엔터테인먼트 웹사이트로 2014년《허핑턴포스트》를 누르고 일일 방문자 수에서 1위를 차지했다—옮긴이)에서 조사한 바에 따르면, 2016년 대선 직전 세 달 동안 페이스북에서 가장 인기 많은 '가짜' 뉴스 스무 개가 가장 인기 많은 '진짜' 뉴스 스무 개보다 더 많이 공유되었다고 한다.[36] 이것이 트럼프에게 유리하게 작용했던 것은 아닐까? 가짜 뉴스는 어쩌면 이보다도 훨씬 극악무도한 결과(예를 들자면, 핵전쟁이라든가)를 가져올지도 모른다.

'피자게이트' 사건 몇 주 뒤, 파키스탄 국방장관이 이스라엘에 핵 보복을 하겠다고 위협했다. 이스라엘 국방장관이 "파키스탄이 어떤 명분으로든 시리아에 지상군을 파견한다면 핵 공격으로 파키스탄을 파괴할 것"이라고 말했다는 가짜 뉴스를 읽은 탓이었다.[37] 가짜 뉴스 때문에 미국-스페인 전쟁이 시작되었다면 또 다른 전쟁이 일어나지 말라는 법은 어디에 있는가?

가짜 뉴스의 끝은 어디일까? 어느 곳을 보나 가짜 뉴스가 깔려 있다. 믿지 못하겠다면 구글에 가서 "홀로코스트는 실제로 일어났는가?"라고 검색해보라. 2016년 12월 기준으로는 네오나치 웹사이트가 최상단에 노출되어 있었다.[38] 대선 투표 바로 다음 날 구글에 '최종 선거 결과'라고 검색했을 때는 트럼프가 일반 투표에서 승리했다고 주장하는 가짜 뉴스가 조작된 수치와 함께 최상단에 올라와 있었다.[39]

혼란과 혼돈의 세계로

트럼프는 대통령 취임 첫해 내내 '가짜 뉴스' 개념을 활용해 자신이 믿기 싫어하는 사실을 모두 '가짜'라고 낙인찍으려고 애썼다.[40] 2017년 1월에 진행된 취임 전 기자 회견 자리에서 트럼프는 CNN이 가짜 뉴스를 보도하고 있다며 CNN 기자의 질문을 거절했다. 이유가 무엇이었을까? CNN에서 트럼프와 오바마가 둘 다 트럼프의 추문 의혹이 담긴 정보기관 보고를 브리핑받았다고 보도했기 때문인 것 같다. CNN은 아직 검증되지 않은 보고임을 알고 있었기 때문에 보고 내용을 언급하지도 않았고 보고가 사실이라고 보도하지도 않았다. 그저 트럼프와 오바마가 보고를 받았다는 사실만 정확히 서술했을 뿐이다. 하지만 트럼프는 그 정도만으로도 CNN을 '가짜 뉴스'라고 매도했다. 이후 수개월 동안, 백악관에서 보좌관 사이에 내분이 일어났다는 보도나 트럼프의 여론조사 지지율이 떨어지고 있다는 보도 등 이중으로 검증된 수많은 사실 보도가 나왔지만 트럼프는 계속해서 가짜 뉴스라고 일축했다. 아이러니를 뛰어넘는 아이러니였다. 이제 가짜 뉴스를 확인하는 과정조차 가짜 뉴스를 퍼뜨리는 행위가 될 수 있다는 말인가?

여기서 잊지 말아야 할 점이 있다. '가짜 뉴스'가 단지 거짓인 뉴스, 창피한 뉴스, 불편한 뉴스를 가리키는 것은 아니라는 점이다. 따라서 미국 언론이 가짜 뉴스를 퍼뜨린다는 주장이 참이 되려면 언론이 '고의적'으로 뉴스 내용을 조작하고 있어야 한다. 그 이면에 정치적인 의도나 그 밖의 목적의식이 있어야만 한다. 미국 언론이 합세해서 음모를 꾸미고 있다는 증거가 없는 이상 트럼프의 주장은 웃어넘길 수밖에 없다. 다시 한 번 강조하지만, 가짜 뉴스는 '의도적'으로 거짓 보도를 하는 뉴스를 가리킨다. '거짓말'과 비슷하다. 자신의 말이 진실이 아니라는 것을 알고 있으면서도 다른 사람으로 하여금 자신의 말을 믿게 하려는 목적이 담겨 있다. 이러한 관점에서 본다면 '가짜 뉴스'는 '프로파간다'나 마찬가지라고 생각할지도 모른다.

《프로파간다는 어떻게 작동하는가How Propaganda Works》의 저자 제이슨 스탠리Jason Stanley는 이러한 관점에 반박하면서 프로파간다를 편향된 혹은 속이는 의사전달 방식과 혼동해서는 안 된다고 주장한다. 프로파간다에 반드시 진실이 아닌 정보를 믿게 만드는 과정이 포함될 필요는 없다. 또한 프로파간다가 반드시 가식적인 주장이어야 할 필요도 없다. 스탠리는 프로파간다를 '문제가 있는 이념을 활용하고 강화하는 수단'이라고 정의한다.[41] 스탠리의 설명이 옳다면, 가짜 뉴스와 프로파간다의 관계는 우리가 지금까지 상상했던 것보다 훨씬 더 복잡하고 위험하게 얽혀 있다는 뜻이다. 프로파간다의 목표는 그저 속이려는 것이 아니라 지배하려는 것이기 때문이다.

최근 미국 공영 라디오 인터뷰에서 제이슨 스탠리는 프로파간다의 목적이 충성도를 높이는 것이라고 강조했다.[42] 정보를 전달하는 것이 아니라 '팀을 선택'하라고 지시하는 것이다.[43] 트럼프가 이미 여러 고전적인 프로파간다 수법(감정 고무하기, 비평가 폄하하기, 희생양 만들기, 분열 조장하기, 정보 날조하기)을 사용하고 있는 만큼, 스탠리는 우리가 권위주의 체제를 향해 나아가고 있는 것일지도 모른다고 경고한다. 프로파간다의 목적은 자신의 말이 옳다고 확신시키는 것이 아니라 자신의 권위가 진실보다 위에 있다고 선언하는 것이다. 정말로 강력한 정치 지도자는 현실마저 거역할 수 있는 것이다. 믿기 어려운 말처럼 들릴 수 있지만 우리는 이미 미국 정치 무대 안에서 비슷한 말을 들어본 적이 있다. 부시 행정부에 대한 비판이 거세지자 백악관 정치 고문인 칼 로브 Karl Rove는 이러한 비판에 대해 "현실에 머무르는 무리의 비난일 뿐"이라고 일축했다. 뒤이어 로브는 잊을 수 없는(동시에 소름이 끼치는) 발언을 남겼다. "이제 우리는 제국이 되었습니다. 우리는 행동을 통해 스스로의 현실을 만들어냅니다."[44]

너무 무시무시한 생각이라 그저 진실이 아니기를 바라게 된다. 하지만 스탠리는 현실마저 거스르는 권위주의가 생각보다 널리 퍼져 있다고 지적한다. 사실 정치적인 힘을 쥐려면 우선 거짓말을 하고도 교묘히 빠져나갈 줄 알아야 한다. 스탠리는 정치철학자 한나 아렌트Hannah Arendt를 참고해 이렇게 말한다. "대중을 확신시키는 것은 사실이 아니다. 그렇다고 꾸며낸 사실도 아니다. 대중을 확신시키는 것은 노골적인 무시다." 비슷한 주제에 대해 아렌트는 이렇게 언급한 바 있다. "전체주의 지배가 노리는 가장 이상적인 대상은 확신에 찬 나치주의자도 공산주의자도 아니다. 사실과 허구 혹은 참과 거짓을 더 이상 분간하지 못하는 일반 사람들이다."[45]

논의가 꽤 멀리까지 확장되었다. 물론 스탠리의 생각에 동의하는 대신 가짜 뉴스가 그저 금전적인 대가를 바라고 한(하지만 불행히도 정치적인 영향을 미칠 수 있는) 의도적인 속임수에 불과하다고 여길 수도 있다. 하지만 지성을 가진 사람이라면 정보 통제가 심각한 정치적 위협으로 변할 수 있다는 사실을 보여주는 역사적 선례를 놓치지 않을 것이다. 히틀러

전체주의 지배가 노리는 가장 이상적인 대상은 확신에 찬 나치주의자
도 공산주의자도 아니다. 사실과 허구 혹은 참과 거짓을 더 이상 분간
하지 못하는 일반 사람들이다.

의 선전장관인 파울 요제프 괴벨스는 '출처 기억 상실'이나 '반복 효과'와 같은 인지 편향을 능수능란하게 이용할 줄 아는 선동가였다. 괴벨스는 이렇게 말했다. "프로파간다는 조종 당하고 있는 사람이 자유의지대로 행동하고 있다고 착각할 때 가장 큰 효과를 발휘한다."[46] 속임수뿐만 아니라 사람을 조종하고 이용하는 것 역시 권위주의 체제 질서를 확립하는 전형적인 도구 역할을 해왔다.

도널드 트럼프의 전략은 이와는 다를 수 있지만 크게 벗어나지는 않는다.

1. 뜬금없는 문제에 대해 의문을 제기하라. "사람들이 그렇다고 하더라."라거나 "신문에서 읽은 내용 그대로 말하는 거다."라는 식으로 밀어붙이면 된다. 예를 들자면 오바마가 미국에서 태어나지 않았다거나 오바마가 트럼프를 도청했다고 주장하라.
2. 자신의 확신 외에는 아무런 증거도 제시하지 말라. 어차피 증거는 존재하지도 않으니까.
3. 언론이 편향되어 있으니 믿을 수 없다는 식으로 말하라.
4. 그러다 보면 어떤 사람들은 자신이 언론에서 접한 내용이 정확한 것인지 의심하기 시작한다. 아니면 적어도 해당 문제에 논란이 많다고 결론 내리게 된다.

5. 불확실함에 직면하면 사람들은 자기 선입견에 들어맞는 내용만 믿으려고 하다가 점점 더 자신의 이념에 고착하고 확증 편향에 빠져들게 된다.

6. 이제 가짜 뉴스를 퍼뜨리기에 훌륭한 환경이 조성되었다. 가짜 뉴스는 1~5번 과정을 더욱 강화할 것이다.

7. 결국 사람들은 내가 말했다는 이유만으로 그 말이 진실이라고 믿는다. 믿음은 집단적인 성격을 가지고 있다. 따라서 주위에 같은 편이라고 생각하는 사람만 존재하고 신뢰할 만한 반대 증거는 존재하지 않는다면 사람들의 믿음을 조종하기가 더욱 쉬워진다. 때로는 반대 증거가 존재하더라도 쉬울 수 있다.

어차피 진실이 온갖 헛소리 밑에 파묻혀 있는데 굳이 진실을 검열할 필요가 있을까? 정확히 이 지점이 탈진실 현상의 핵심이다. 진실보다 감정이 더 중요하게 여겨지는 상황, 무엇이 진실이고 무엇이 거짓인지 분간도 가지 않는 상황 말이다.

홀로코스트 역사학자인 티머시 스나이더Timothy Snyder는 《폭정에 관하여On Tyranny》라는 파격적인 책을 펴냈다.[47] 이 책을 통해 스나이더는 우리가 어떤 길목에 서 있는지 잊지 말라고, 가짜 뉴스나 대안적 사실과 같은 술책이 언제든 우리를 권위주의 체제를 향해 나아가게 만들 수 있다고 경고한다. 실제로 최근 한 라디오 인터뷰에서 스나이디는 "탈진실은 파시즘의 전조pre-fascism나 다름없다."라고 지적하기도 했다.[48] 가짜 뉴스처럼 가벼운 주제로 시작한 것 치고는 결론이 무겁게 느껴질지도 모르겠다. 하지만 오늘날 소셜미디어가 어떤 선동가가 꿈꾸던 것보다도 빠른 속도로 허위 정보를 퍼뜨리고 있다는 사실을 고려할 때 이러한 가능성을 적어도 경계는 하고 있어야 하지 않을까?

가짜 뉴스가 프로파간다와 어떻게 다른지 아직 충분히 설명하지 못했다. 만약 가짜 뉴스가 오로지 돈만을 노리고 만들어졌다면 그때는 단지 사기에 가까울 것이다. 혹시 거짓을 믿게 만들려는 의도가 있었다고 하더라도 아직은 온전한 의미에서 프로파간다는 아니다. 제이슨 스탠리가 지적하듯이 프로파간다의 목적은 남을 속이는 것이 아니라 정치적 지배력을 확고히 드러내는 것이기 때문이다. 물론 속임수가 효과적인 도구는 될 수 있지만 그렇다고 전부는 아니다. 진정한 폭군은 애초에 우리의 동의를 바라지도 않는다. 탈진실이 정말로 파시즘의 전조에 해당한다면, 가짜 뉴스는 대중을 본격적으로 억압하기 전에 경계심을 푸는 용도로 사용하는 초기 전략일지도 모른다. 가짜 뉴스는 우리를 혼란시키고 모든 출처를 의심하게 만든다. 우리가 더 이상 무엇을 믿어야 할지 알 수 없을 때 폭군은 이를 이용하려들 것이다. 진정한 프로파간다는 나중에 우리의 믿음이 아무런 의미가 없어지고 누가 진실을 결정하는지 분명히 드러나는 순간에야 나타날지도 모른다.

가짜 뉴스에 맞서 싸우려면

어느 미디어가 편향되어 있고 어느 미디어가 신뢰할 만한지 알려주겠다는 차트를 본 적이 있을 것이다.[49] 하지만 뒤이어 어떤 일이 벌어졌을지 쉽게 예상이 된다. 보수 성향 토크쇼 진행자 알렉스 존스Alex Jones는 자신이 운영하는 웹사이트 '인포워스'에서 널리 알려진 차트 하나를 공격한 뒤 자신만의 차트를 만들어 게시했다. '스놉스Snopes', '폴리티팩트PolitiFact', '팩트체크FactCheck', '워싱턴포스트' 같은 웹사이트에서 사실 검증을 할 수 있다면, 자신들도 그러한 웹사이트들이 편향되지 않았는지 검증할 수 있다는 것이다. 이제 가짜 뉴스마저도 진보 진영 쪽으로 편향된 가짜 뉴스가 있다고 주장하는 셈이다.[50]

우리는 어떻게 해야 할까? 우선, '기계적 중립성은 속이려는 자들이 원하는 바'라는 사실을 기억하자. 혹시 우리가 양비론에 빠진다면 세상에 진실이 존재하지 않는다고 믿기를 바라는 자들의 손에 놀아나는 것이나 마찬가지다. 이러한 원칙을 명심한 채로 다음에 나오는 구체적인 단계들을 따라가 보자.

첫째, 시스템적인 문제를 인식하고 해당 문제가 어떤 식으로 이용될 수 있는지 이해하자. 페이스북과 구글은 현재 미국에서 발생하는 온라인 광고 수익의 85퍼센트를 가져가고 있다.[51] 이러한 사실을 고려할 때 페이스북과 구글이 가짜 뉴스 문제로부터 자유로울 리가 없다고 판단한 사람들이 종종 있었다. 대선 이후로 페이스북과 구글은 가짜 뉴스를 단속하는 조치를 취하겠다고 발표했다. 구글에서는 자사의 광고 서비스를 이용해 가짜 뉴스를 퍼뜨리는 웹사이트를 이용 금지 시키겠다고 약속했다.[52] 발칸 지역을 비롯한 여러 지역에서 구글 광고 조회 수에 비례해 수익을 올리던 가짜 뉴스 공장들을 직접 겨냥한 것이다. 하지만 문제가 있었다. 가짜 뉴스를 조장하는 웹사이트를 어떻게 선별할 것인가, 예상되는 반발에는 어떻게 대처할 것인가에 대한 문제다.

한편 페이스북에서는 선동적이거나 불법적인 내용을 담고 있는 웹사이트로부터 더 이상 광고를 받지 않을 것이라고 약속했다.[53] 하지만 이 경우에도 문제가 있다. 한 컴퓨터공학자가 지적한 것처럼, 어차피 "페이스북에 있는 가짜 뉴스 페이지에는 광고 후원을 받는 게시물이 올라오지 않기 때문"이다.[54] 또한 페이스북에서 접하는 가짜 뉴스는 대부분 친구를 통해 접하게 되는데 페이스북이 이에 더해 어떤 조치를 취할 수 있는지(혹은 조치를 취하기를 원하기는 하는지)도 불확실하다. 예전에도 알고리즘 대신 전문 편집자에게 검수를 맡기는 식으로 '트렌딩' 기능에 간섭했다가 보수주의자들에게 역풍을 맞고 꼬리를 내린 적이 있기 때문이다.[55] 현재 페이스북에서는 음란물이나 테러 영상을 검열하고 있고 구글에서는 아동포르노를 박멸하려고 애쓰고 있는데, 어떤 사람들은 평가 및 주의 기능을 활용해 가짜 뉴스 역시 억제하는 시스템을 만들어야 한다고 제안한다. 하지만 가짜 뉴스를 다른 부적절한 콘텐츠와 같이 걸러내려고 시도하는 순간 검열관 본인도 편향된 콘텐츠를 판별하는 면에서 편향될 수 있지 않느냐는 비판을 피할 수 없을 것이다.[56]

그렇다면 더 나은 방법은 없는 것일까? 팩트체크 사이트 '스놉스'의 편집장 브루크 빈코우스키Brooke Binkowski는 이렇게 말한다. "정답은 가짜 뉴스를 집어내는 것이 아니다. 훨씬 더 많은 진짜 뉴스로 가짜 뉴스를 덮어버리는 것이다. 그렇게 할 때 사람들은 계속 정보를 찾을 것이며, 검증된 정보, 자세한 정보, 상황에 맞는 정보, 깊이가 있는 정보를 발견할 것이다."[57] 합리적인 말처럼 들리지만 이 정도로는 확증 편향에 빠질 정도로 당파심이 깊은 사람까지 구제할 수는 없을 것이다. 하지만 분명 이점이 있는 것도 사실이다. 가짜 뉴스가 두드러지기 시작한 것도 결국 양적으로 넘쳐흘렀기 때문 아니었나? 따라서 탐사 보도 기관이 출처가 믿을 만하고 사실 검증이 이루어졌으며 증거가 기반이 되는 보도를 진행할 수 있도록 재정적으로 지원하는 것이 해결책이 될 수 있다. 어쩌면 디지털 신문을 볼 때 1개월에 10회로 제한되는 무료 기사만 볼 것이 아니라《뉴욕타임스》나《워싱턴포스트》등의 구독 신청을 해야 하는 것일지도 모른다. 실제로 이러한 방법을 실천으로 옮기는 사람들이 있다. 탐사 보도 팀을 가진 신문들은 구독률이 비교적 높은 편이며《워싱턴포스트》의 경우 최근 신입 기자들을 무더기로 뽑기도 했다.[58]

둘째, 비판적 사고 능력을 향상시키기 위해 노력하자. 학계에서 이 방면에 힘을 보태주기를 바라는 사람들도 있을 것이다. 고맙게도 대니얼 레비틴Daniel Levitin이 집필한《무기화된 거짓말Weaponized Lies》이 훌륭한 교재가 될 수 있다.[59] 이 책에서는 수치 자료를 읽는 법, 논리적 오류를 저지르지 않는 법, 올바로 추론하는 법 등 비판적 사고에 도움이 되는 온갖 기술들을 배울 수 있다.

아직 대학을 가기에는 너무 어리지만 결국 자라서 가짜 뉴스와 속임수가 가득한 세상을 뚫고 나아가야 하는 '디지털 네이티브digital native(태어날 때부터 디지털 기기에 둘러싸여 성장한 세대―옮긴이)'는 어떻게 해야 할까? 그에 관한 좋은 예가 있다.

미국 캘리포니아 주의 어바인Irvine에서 5학년 학생을 가르치고 있는 교사 스콧 베들리Scott Bedley는 자기 반 학생들에게 가짜 뉴스를 구별하는 방법을 알려준 뒤 아이들이 가짜 뉴스를 가려낼 수 있는지 실제 뉴스 기사들을 가지고 시험해보았다.

> 저는 아이들이 '가짜 뉴스'가 정확한 보도를 한 것처럼 보이지만 확실성과 신뢰성이 떨어지는 뉴스를 뜻한다는 점을 이해하기를 원했어요. …… 저는 진짜 뉴스와 가짜 뉴스를 섞어주고 진짜 뉴스로부터 가짜 뉴스를 가려내는 게임을 하나 만들었습니다. …… 아이들은 이 게임을 정말 좋아했어요. 어떤 아이들은 쉬는 시간도 마다하고 진위 여부를 알아맞힐 기회를 줄 때까지 기다리더군요.[60]

베들리는 아이들에게 어떤 비결을 가르쳐준 것일까? 딱히 비결이라고 할 만한 것은 없었다. 그저 5학년짜리도 해낼 수 있는 간단한 것이었다. 베들리가 아이들에게 전해준 가짜 뉴스 식별 방법은 다음과 같다.

1. 저작권을 확인하라.

2. 여러 출처를 통해 확인하라.

3. 출처의 신뢰성을 평가하라(예컨대, 충분히 오래 인정받았는지 확인하라).

4. 정보의 게시 일자를 확인하라.

5. 주제에 대한 지은이의 전문성을 평가하라.

6. 내가 알고 있는 지식과 일치하는가를 확인하라.

7. 현실성 있는 내용인지 의심하라.

베들리의 가짜 뉴스 판별법이 가져온 유일한 문제가 있다면 아이들이 선생님이 하는 말에도 끊임없이 검증 과정을 들이댄다는 점이었다.

가짜 뉴스가 탈진실에 미친 영향

가짜 뉴스 문제는 탈진실 현상과 긴밀하게 연관되어 있다. 사실, 둘을 동일한 대상으로 생각하는 사람도 많다. 하지만 핵무기가 존재한다고 해서 무조건 세계가 멸망하지는 않는 것처럼 가짜 뉴스가 곧바로 탈진실로 이어지는 것은 아니다. 핵무기를 손에 쥐고 있다고 하더라도 그것을 사용할 만큼 어리석지만 않으면 된다. 우리가 만든 기술이 문제를 제기할 수는 있지만 우리가 어떻게 대응하느냐에 따라 결과는 달라질 수 있는 것이다. 분명 소셜미디어는 탈진실 현상을 부추기는 면에서 큰 역할을 했다. 하지만 소셜미디어도 결국 도구일 뿐 그 자체로 결과는 아니다.

"진실이 바지를 입기도 전에 거짓은 지구 저편까지 가 있다."라는 표현이 있다. 이 표현은 계몽되지 않은 인간 본성을 묘사할 뿐 우리가 그러한 본성을 극복할 수 없다는 뜻을 내포하지는 않는다. 우리는 정보 통신 기술을 가지고 거짓을 퍼뜨릴 수도 있지만 진실을 퍼뜨릴 수도 있다. 진실이 싸움에 뛰어들 만큼 가치 있는 이상이라고 생각한다면 진실을 위해 싸우도록 하자. 우리가 가진 도구가 위험한 무기로 이용당하고 있다면 다시 그 도구를 되찾도록 하자.

제6장

포스트모더니즘은 어떻게
탈진실로 이어졌을까?

Did Postmodernism Lead to
Post-Truth?

> 진보 진영의 사상은 대부분 불이 위험한 줄도 모르고 불장난을 벌이는 사람들의 생각 같다.
> — 조지 오웰

포스트모더니즘이란?

어떤 사람들은 학자들이 탈진실을 해결하는 법을 제시해주기를 기대한다. 증거 기준, 비판적 사고, 회의주의, 인지적 편향과 같은 주제들을 오랜 시간 탐구한 사람들이 바로 학자들이기 때문이다. 하지만 부끄럽게도 탈진실 현상을 불러일으킨 가장 안타까운 근원 중 하나가 바로 대학에서 나왔다.

포스트모더니즘은 지난 세기부터 줄곧 미술, 건축, 음악, 문학과 같은 온갖 창의적인 영역에 적용되어왔다. 오랫동안 광범위한 분야에서 등장하다 보니 포스트모더니즘이 무엇인지 정확히 규정하기는 쉽지 않다. 철학자 마이클 린치Michael

Lynch도 "포스트모더니즘을 정의내리기가 불가능하다는 점은 거의 모두가 인정한다."라고 말한다. 이것이 그리 놀랄 일이 아닌 이유는 '포스트모더니즘'이라는 표현은 바로 그 모호함 때문에 인기를 얻었기 때문이다.[1] 따라서 나로서도 쉽지는 않겠지만, 최선을 다해 포스트모더니즘이 무엇인지 설명해보도록 하겠다.

지난 30년 간 '포스트모더니즘'은 1979년 장 프랑수아 리오타르Jean-Francois Lyotard의 《포스트모던의 조건The Postmodern Condition》에서 영감을 받아 1980년대 문학 비평에 등장한 한 가지 사조를 가리키는 말이었다. 물론 20세기에는 그밖에도 마르틴 하이데거Martin Heidegger, 미셸 푸코Michel Foucault, 자크 데리다Jacques Derrida 등 포스트모더니즘적인 사상을 제시한 핵심 사상가들이 풍부하게 존재한다. 하지만 여기서는 몇 가지 기본적인 사상의 윤곽만 제시하도록 하겠다. 우선 데리다의 '해체주의' 이론이 있다. 해체주의 이론에 따르면, 글쓴이 자신조차 텍스트를 통해 무엇을 의도하고자 했는지 모를 수 있기 때문에 비평가는 텍스트를 조각조각 해체한 뒤 이면에 숨어 있는 정치적·사회적·역사적·문화적 전제들에 비추어 텍스트를 검토해야 한다. 해체주의 이론은 1980~1990년대 북미 및 유럽 전역의 인문대학에서 엄청난 반향을 일으켰다. 이제 문학 연구가들은 자신들이 위대한 문학 작품에 대해 이해하고 있던 거의 모든 것을 의심하게 된 것이다.

얼마 지나지 않아 사회학자들을 비롯한 여러 분야의 학자들이 해체주의 이론을 받아들여 문학 텍스트 외에도 여러 '텍스트'에 이론을 적용하기 시작했다. 행위자 본인은 모른다고 할지라도 사실상 모든 인간 행동(전쟁, 종교, 경제, 성생활 등)에 나름의 의미가 내포되어 있다는 점에서 세상에 텍스트가 아닌 것이 없기 때문이다. 이때부터 '텍스트가 의미하는 바에 정답이 존재한다'는 생각이 흔들리기 시작했다. 심지어 진실 개념 자체도 의심받기 시작했다. 텍스트를 해체하는 과정에서 비평가는 필연적으로 자신만의 가치, 역사, 추측에 의존할 수밖에 없기 때문이다. 결국 단 하나의 정답이 아니라 여러 해답이 존재할 수 있다는 뜻이다. 이러한 맥락에서 볼 때, 포스트모더니즘적인 접근법이란 모든 것을 의심하고 모든 것을 있는 그대로 받아들이지 않는 태도를 가리킨다고 할 수 있다. 어디에도 '정답'은 없으며 각자의 '이야기'만 존재할 뿐이다.

프리드리히 니체Friedrich Nietzsche의 철학 사상을 접한 뒤, 알렉시스 파파조글루Alexis Papazoglou는 니체의 급진적인 회의론에 대해 이렇게 평했다.

절대적 진리, 객관적 진리가 철학에서 만들어낸 허구라고 생각하는 순간 유일한 대안은 '관점주의perspectivism'밖에 남지 않는다. 관점주의란 세계가 존재하는 방식에 객관적인 정답은 존재하지 않으며 오히려 보는 관점에 따라 세상이 다양한 방식으로 존재한다는 생각이다.[2]

'객관적인 진실' 같은 것은 존재하지 않는다. 이것이 포스트모더니즘의 첫 번째 논지라고 할 수 있다. 하지만 정말로 그러한 생각이 옳다면 우리는 누군가가 참인 말을 할 때 어떤 반응을 보여야 하는 것일까?

여기서 포스트모더니즘의 두 번째 논지가 등장한다. 누군가 어떤 진실을 제시하더라도 그것은 그 사람의 '정치적 이념을 드러내는 것'에 지나지 않는다. 미셸 푸코는 인간의 사회생활이 언어에 의해 규정되지만 언어 자체는 권력과 지배 논리로 가득 차 있다고 주장한다.[3] 다시 말해, 지식을 주장하는 모든 행위는 근본적으로 권위를 행사하는 것에 불과하다는 뜻이다. 힘을 가진 자들이 자신들의 정치적 견해를 힘없는 자들에게 강요하는 전략이나 마찬가지다. 어차피 진리 같은 것은 존재하지 않으므로 자신이 하는 말이 진리라고 주장하는 사람은 우리에게 지식을 알려주는 것이 아니라 우리를 억압하려고 시도하는 것이다. 실제로 진실을 알고 있는지가 중요한 것이 아니라 오직 힘을 가진 자만이 무엇이 진실인지 결정할 수 있을 뿐이다. 다양한 관점이 존재하는 상황에서 특정한 견해가 옳다고 주장하는 행위는 파시즘과 다를 비 없어진다.

내가 제시한 설명만으로는 포스트모더니즘을 제대로 평가할 수 없다고 불평하는 사람들이 있을 것이다. 혹은 포스트모더니즘이 탈진실에 영향을 주었다는 논지 자체에 반대하는 사람들도 있을지 모른다. 포스트모더니즘을 더욱 깊이 조사해보면 이해하겠지만, 포스트모더니즘이 직접적으로 보수 진영의 이념을 지지한 것은 아니다. 하지만 분명한 것은 포스트모더니즘 사상가들은 오늘날의 탈진실 세계에 기여해왔다는 것이다. 그들은 포스트모더니즘 특유의 모호함 속에 숨어 책임을 회피하다가 자신들조차 받아들이기 힘든 목적에 이용당했다는 사실을 깨닫고는 충격을 받았다.

포스트모더니즘 사상을 빌려다 쓰는 보수주의자들은 사상에 담겨 있는 세세한 내용 따위에는 딱히 관심이 없다. 일단 도구가 필요하다면 그들은 과도를 가지고도 망치처럼 쓸 사람들이다. 실제로 30년 전만 하더라도 보수주의자들에게 포스트모더니즘은 진보 진영이 도덕적으로 타락했다는 증거에 지나지 않았다. 그러나 아이러니하게도 불과 수십 년 만에 보수주의자들은 린 체니Lynne Cheney의 《진실은 어디에Telling the Truth》에서처럼 포스트모더니즘을 비판하는 데에서 벗어나 오늘날과 같은 상황까지 이르렀다.[4] 정치인들이 포스트모더니즘을 오용한 것이 포스트모더니즘 학자들의 잘못은 아니다. 하지만 학자들 역시 어느 정도 책임이 있다는 점을 받아들여야 한다. 그들은 사실이 존재해야 현실을 평가할 수 있다는 생각을 약화시켰으며 그 결과 어떤 끔찍한 결과가 초래될 수 있는지를 간과했기 때문이다.

물론 진실이나 객관성 개념에 의문을 제기한다고 해서 부당한 일은 아니다. 실제로 철학의 역사는 객관적인 진실에 대한 논쟁의 역사라고 해도 과언이 아니다. 하지만 그렇다고 진실이나 객관성을 완전히 부정하거나 무시하는 것은 도를 넘는 행동이다.[5] 포스트모더니즘 사상가들이 문학 작품이나 문화적 상징을 해석하는 수준에서 만족했다면 상황은 훨씬 나았을 것이다. 하지만 그들은 멈추지 않았다. 그들이 겨냥한 다음 대상은 자연과학이었다.

과학 전쟁

물리학자, 화학자, 생물학자 등 자연과학자들(경험적인 증거에 비추어 이론을 테스트함으로써 세계의 진리를 탐구한다고 생각하는 사람들)이 '사회구성주의social constructivism'를 주장하는 학자들(과학 이론은 물론 세계에 존재하는 모든 요소들은 사회적으로 구성된 개념이며 따라서 객관적인 진실 같은 것은 존재하지 않는다고 생각하는 사람들)과 처음 맞닥뜨렸을 때 당연히 거대한 충돌이 있었다. 과학사회학에서 강조하는 '스트롱 프로그램strong program(데이비드 블루어와 배리 반스 같은 과학사회학자들이 제안한 프로그램으로 사회적 조건을 사용해 과학 지식의 형성과 발전을 인과적으로 설명하는 방법—옮긴이)'은 영문학부에서 인기를 끌던 포스트모더니즘과는 약간 차이가 있었지만, 진실이 관점에 따라 달라질 수 있다는 생각과 모든 지식이 사회적으로 구성된다는 생각은 양쪽 모두 공유하고 있었다. 이런 맥락에서 본다면 사회구성주의 운동 역시 포스트모더니즘과 밀접한 관련이 있다고 할 수 있다. 포스트모더니즘이 문학에 접근하는 방식을 바꿔놓은 것처럼 사회구성주의는 과학 지식에 접근하는 방식을 바꿔놓으려고 했다. 다시 말하면 과학적 사실에 단 하나의 검증된 관점이 존재한다는 주장을 뒤흔들고자 했다.

사회구성주의가 유래한 '과학지식사회학sociology of scientific knowledge'이라는 분야는 한 가지 흥미로운 의문에서 출발했다. 과학자는 자신이 자연을 탐구한다고 주장한다. 그렇다면 과학자는 누가 조사한다는 말인가? 어떤 과학자가 자기 이론이 참이라고 주장한다면 연구실에서 그 이론이 어떻게 만들어졌는지 알아봐야 하지 않을까? 그렇게 '과학학science studies'이라는 분야가 탄생했다. 하지만 과학사회학의 스트롱 프로그램은 여기서 한 걸음 더 나아갔다. 당시 일반적인 사회과학자들은 과학 이론이 실패한다면 그 이유는 과학자들이 연구하는 과정에서 이념적인 편견이 개입해 충실히 증거에 고착하지 못했기 때문이라고 생각했다. 반면 과학지식사회학의 '스트롱 프로그램'에서는 진실 여부와는 상관없이 모든 이론이 '이념'의 산물에 불과하다고 주장했다. 어차피 진실이 존재하지 않는 이상 과학자들이 특정한 이론을 다른 이론보다 선호하는 이유는 따로 있다는 주장이었다. 이론을 뒷받침하는 증거가 존재한다는 이유만으로는 이론을 제시하는 이유를 설명할 수 없다는 것이다.[6]

일부 사상가들은 과학의 역할이 실증적인 분야의 전문가라고 주장하는 과학자들의 개인적인 지위를 확대시켜주는 것에 불과하다고 주장했다. 과학자들이 자연 세계의 진리를 밝혀내기보다는 정치적 신념에 따라 권력과 지배 논리를 강화하는 데에 더 관심이 많다는 뜻이었다.[7] 과학 연구에 사용되는 언어가 지나치게 성차별적이고 착취적인 성격을 띠고 있다고 지적하는 사람들도 있었다. 실제로 과학은 대자연을 이리저리 뜯어보면서 '숨겨진 비밀을 캐내려고' 하지 않는가?[8] 한 사상가는 자연의 원리를 담은 뉴턴의 《프린키피아 Principia Mathematica》가 '강간 지침서'나 다름없다고 폄하하기도 했다.[9]

그러자 과학자들의 반격이 시작되었다. 1994년 생물학자 폴 그로스Paul Gross와 수학자 노먼 레빗Norman Levitt은《고등 미신Higher Superstition:The Academic Left and Its Quartels with Science》을 출간했다. 이 책은 격렬한 비판을 담은 선전포고나 다름없었다. 그로스와 레빗은 포스트모더니즘이 터무니없는 사상이며 과학이 실제로 어떻게 작동하는지도 모르는 인문학자들만의 행동 원칙이라고 주장했다. 게다가 저자들이 보기에 비평가라는 사람들은 과학의 본질이 무엇인지조차 모르고 있었다. 과학은 '가치'가 아니라 '사실'에 몰두하는 학문인데 말이다. 물론 어떤 전쟁이든 당사자 양쪽 모두 완전무결한 경우는 드물다. 아쉽게도 그로스와 레빗은 과학에 대한 합당한 비판조차 무시할 때가 있었으며 철학적 함의를 담아내는 데에는 실패했다.[10] 하지만 일단 전쟁이 시작되면 '부수적인 피해'는 나중에 걱정하고 당장 닥친 전투부터 감당해야 한다. 다음에 이어진 전투는 유독 특이했다.

소칼의 지적 사기극

때로는 패러디가 가장 효과적인 비판 양식이 될 수 있다. 1996년《고등 미신》에서 영감을 얻은 물리학자 앨런 소칼Alan Sokal은 상투적인 포스트모더니즘 논리를 기반으로 양자

물리학에 대해 그럴 듯한 헛소리를 이것저것 섞어놓은 논문 〈경계를 넘어서Transgressing the Boundaries〉를 집필했다. 소칼은 논문을 아무데나 투고하지 않았다. 유명 포스트모더니즘 학술지《소셜 텍스트Social Text》에 투고했다. 가짜 논문이 어떻게 학술지에까지 실릴 수 있었을까? 소칼은 자신이《고등 미신》에서 읽은 내용이 사실이라면 아무리 말도 안 되는 논문이라고 할지라도 충분히 거창하게 들리고 편집자들의 이념적 편견에 부응하기만 한다면 포스트모더니즘 학술지에 올라갈 수 있다고 확신했다. 그리고 실제로도 그랬다. 당시 동료 평가 제도를 시행하지 않던《소셜 텍스트》측에서는 논문을 다른 과학자들에게 검증받지 않았고 소칼의 거짓을 잡아낼 수 없었다. 결국 편집자들은 다음 호《소셜 텍스트》에 소칼의 논문을 포함시키고 말았다. 아이러니하게도 해당 학술지의 테마는 '과학 전쟁'이었다.[11]

소칼은 자신의 논문을 이렇게 묘사한다.

'비선형성', '유동성', '상호연관성' 같은 개념들을 애매하게 인용해 데리다, 일반 상대성 이론, 라캉, 위상기하학, 양자역학을 한데 뒤죽박죽 섞어놓은 작품이었다. 마지막에는 아무런 논증 과정 없이 '포스트모던 학문'이 객관적 실재 개념을 파괴하는 데 성공했다고 결론 내렸다. 논문 전체를 통틀어서 사고의 논리적 흐름 같은 것은 전혀 찾아볼 수 없었다. 그저 권위자를 인용하고 말장난을 하고 무리하게 유추를 확장하고 근거도 없이 주장을 남발했을 뿐이다.[12]

소칼은 (혹시라도 요점이 드러나지 않을까봐) 자신이 꾸며낸 이야기가 얼마나 얼토당토하지 않은지 계속해서 강조한다.

두 번째 문단에서는 일말의 근거나 논증도 없이 "물리적 현실은 사실 사회적으로 그리고 언어적으로 구성된다."라고 주장했다. 그러니까, 우리 과학자들이 물리적 세계에 대해 내놓은 '이론'뿐만 아니라 '물리적 세계' 자체가 사회적으로 구성된다고 호응한 것이다. 좋다. 물리 법칙이 사회적 관습에 지나지 않는다고 믿는 사람들은 이제 내 아파트 창문에서 그러한 관습을 뛰어넘어보도록 하자(참고로 나는 21층에 살고 있다).[13]

소칼은 자신이 풍자적인 방법을 사용하기는 했지만 동기는 진지했다고 말한다. 포스트모더니즘 사상가들의 과학 전쟁은 그로스와 레빗이 지적한 대로 개념을 가지고 장난치는 것도 문제였지만, 진보주의의 평판을 떨어뜨린다는 점에서 정치적으로도 무책임한 행동이었다.[14] 지난 여러 세기 동안 진보주의는 늘 과학과 이성의 편에 서서 미신과 무지에 맞서 싸워왔다. 하지만 오늘날 인문주의자들은 증거에 기반을 둔 생각을 근본부터 뒤흔듦으로써, 가난하고 소외된 사람들을 위해 더 나은 세상을 만들고자 애썼던 자신들의 노력을 물거품으로 만들고 있었다.

현실이 사회적으로 구성되어 있다는 이론은 에이즈를 효과적으로 치료하는 방법을 찾거나 지구온난화를 예방하는 전략을 세우는 데에는 아무런 도움이 되지 않을 것이다. 진실과 거짓이라는 개념을 부정한다면 역사, 사회, 경제, 정치 영역에서 잘못된 생각에 맞서 싸우지도 못할 것이다.[15]

소칼의 사기극이 밝혀지자 그로 인한 파장은 어마어마했다. 학술지 편집자들은 소칼의 부정직한 행동을 비난했지만 자신들의 잘못을 부인할 수는 없었다. 이 소동을 지켜본 많은 사람들이 포스트모더니즘을 장난스러운 학문, 지적 기반이 빈약한 학문이라고 생각했다. 그러고서야 과학자들은 다시 연구실로 돌아갈 수 있었다.

하지만 일단 포스트모더니즘 사상이 바깥으로 표출된 이상 다시 집어넣을 수 있는 방법은 없었기 때문에 얼마 지나지 않아 재밌는 일이 벌어졌다. 부끄러운 시간도 잠시, 소동이 벌어지지 않았더라면 포스트모더니즘이 존재하는 줄도 몰랐을 사람들이 흥미를 갖기 시작하면서 포스트모더니즘이 넓은 지명도를 얻게 된 것이다. 이처럼 뒤늦게 관심을 가진 사람들 가운데에는 보수주의자들도 있었다.

보수 진영의 포스트모더니즘

일련의 '과학 전쟁' 사태는 한 가지 의문을 남겼다. 혹시 과학을 공격하고 싶은 사람이라면 누구나 포스트모더니즘을 이용할 수 있는 것일까? 오직 진보주의자들(문학 비평이나 문화 연구를 하는 학자들의 대다수에 속하는 사람들)에게만 포스트모더니즘 논리가 유용할까? 아니면 다른 사람들에게도 유용할 수 있을까?

진화론과 같은 과학적인 주장에 불만을 가지고 있는 보수주의자들이 과학 이론이 우수하다는 생각을 약화시키기 위해 포스트모더니즘을 이용했다. 이는 자연스럽게 다음 질문으로 이어진다. 그렇다면 오늘날 '보수 포스트모더니즘' 같은 것이 존재한다고 할 수 있을까? 진실, 객관성, 권위에 의문을 제기함으로써 모든 사실 주장이 정치적 의제에 불과하다고 주장하는 보수 진영만의 포스트모더니즘 논리가 존재하는 것일까? 보수 진영이 과학적 사실뿐만 아니라 증거에 기반을 둔 모든 종류의 사실을 공격하기 위해 진보 진영에서 개발한 도구를 활용한다는 점이 아이러니하게 느껴질지 모른다. 하지만 만약 이것이 사실이라면 탈진실의 또 다른 근원이 마련된 것이나 마찬가지다.

보수 진영이 포스트모더니즘을 통해 과학부인주의를 퍼뜨리는 데 일조했다는 주장은 2011년 주디스 워너Judith Warner가 《뉴욕타임스 매거진》에 실은 기사 "사실이 없는 과학Fact-Free Science"에 처음 등장했다.[16] 여기서 워너는 "공인된 사실에 의문을 제기하고 진실이 확립되는 과정 이면에 작용하는 미신과 정치를 까발리는 것은 진보 진영이 사용하는 대표적인 전술이었다."라고 말한다. 하지만 최근에 보수 지지자들이 한층 대담해지면서 지구온난화와 같은 과학적 사실에 의혹을 제기하는 것이 보수 정치인들의 의무로 떠올랐기 때문에 정치적 사조가 뒤바뀌었다. 워너는 "과학을 공격하는 것이 이제 급진적인 보수주의자들의 여흥거리가 되었다."라고 결론 짓는다. 보수 진영에서 포스트모더니즘을 이용한다는 증거는 어디에 있는가? 워너는 포스트모더니즘 사상가들이 직접 증언한 내용을 일부 제시한다. 그들은 자신들이 보수주의자들에게 정치적 방패막이를 제공한 것은 아닌지 염려하고 있었다.

물론 이 정도 근거만으로는 과학 저술가 크리스 무니Chris Mooney와 같은 사람들을 납득시킬 수는 없었다. 무니는 진보 진영에서 태동한 포스트모더니즘이 보수 진영의 과학부인주의를 뒷받침하는 데에 사용될 수 있다는 사실을 인정하고 싶어 하지 않았다. 무니는 워너의 분석이 "너무 잘못되어서 어디서부터 고쳐야 할지 감이 잡히지 않을 지경"이라고 비판하면서 이렇게 말했다.

보수주의자들이 진보 진영 학자들의 난해한 논리와 말장난에 크게 영향을 받았다는 주장은 말이 안 된다. 보수주의자들은 이미 1970년대부터 수많은 이념 공장(여기에는 현재 기후변화를 반박하는 다수의 싱크탱크 역시 포함된다)을 만들어서 학계 밖 '전문가'들로 이루어진 자신들만의 반향실을 갖추지 않았던가? 그들에게 1990년대 포스트모더니즘은 이빨 빠진 학계의 쓸모없음을 고스란히 드러내주는 핵심 사례에 지나지 않았을 것이다. 사실 이것 말고도 워너의 논리를 반박할 내용은 차고 넘친다. 가장 큰 문제는 아무리 끼워 맞추려고 해도 기후변화를 부정하는 자들이 전혀 포스트모던하게 보이지도, 행동하지도, 말하지도 않는다는 점이다.[17]

뒤이어 무니는 (딱히 근거도 없이) 과학부인주의자들이 대부분 실제로는 진실을 받아들일 것이라고 추측하면서 조롱을 이어나간다.

과학이 '진실'로 이루어진 집합체라는 주장은 기후변화를 부인하는 사람들도 기꺼이 동의할 것이다. 단지 객관적으로 봤을 때 지구온난화 문제에 대해서는 자신들이 옳고 과학적인 합의가 틀리다고 생각할 뿐이다. 그들이 밖으로 나와 싸우는 이유는 진실에 닿는 최선의 방법이 과학이라는 사실을 부정하기 위해서가 아니다. 이번에 진실에 닿은 쪽은 자신들 편의 과학자들이라고 주장하기 위해서다. 제임스 인호프 상원의원이 데리다나 푸코를 인용하는 모습을 상상이나 할 수 있겠는가? 생각만 해도 웃음밖에 나오지 않는다.[18]

나로서는 "5년 전에나 그랬지요."라고 답해줄 수밖에 없다. 2011년 이후로 상황이 달라졌기 때문이다. 아니, 사실 당시에도 워너의 생각이 옳았다는 증거는 존재했지만 무니가 놓치고 지나갔을 뿐이다.

제2장에서 과학부인주의에 대해 다뤘던 내용에 비추어보면, 트럼프의 참모들과 지지자들이 일부러 포스트모더니즘 사상을 공부한 뒤 그로부터 영향을 받았다는 주장은 당시 의혹이 '생산'된 방식과는 정면으로 충돌하는 것처럼 느껴진다. 초창기 의혹 생산 작업이 상당 부분 보수 진영 싱크탱크에서 이루어졌다는 무니의 주장은 분명 일리가 있다. 생산된 의혹들은 처음 정부 관리나 로비스트에게 전달되었을 때만 하더

라도 논쟁을 불러일으키기 위한 몇 가지 화젯거리에 불과했다. 하지만 한 번 전투에 사용된 전략이 많은 경우 다음 번 전투에도 활용되었다는 사실을 잊어서는 안 된다. 오레스케스와 콘웨이가 지적한 것처럼, '담배 전략'은 담배와 폐암의 상관관계에 대한 논쟁이 마무리된 이후에도 오랫동안 성공적으로 활용되었다. "과학에 맞서 싸우자."라거나 "진실은 불확실하다."와 같은 주장은 산성비나 오존홀에 대한 논쟁 등 뒤이어 나타난 여러 논쟁에도 사용되었다. 역사적인 사건들의 선후 관계 역시 주의 깊게 살펴봐야 한다. 과학부인주의자들이 기후변화 논쟁 직전에 치렀던 전투는 무엇이었을까? 그들이 기후변화 논쟁에서 사용한 무기는 어디서 가져온 것일까? 바로 '진화론'에 대한 논쟁이었다.

과학부인주의자들이 창조론을 '지적 설계Intelligent Design' 이론으로 둔갑시키고 창조 대 진화 논쟁을 공립학교 생물 수업에 포함시키려고 여러 차례 시도하는 데에 포스트모더니즘 사상이 지대한 영향을 미쳤다. 어째서 그렇다고 할 수 있을까? 지적 설계론은 물론 지적 설계론의 대부인 필립 존슨Phillip Johnson 자신이 그렇다고 인정했기 때문이다.

과학철학자 로버트 페녹Robert Pennock은 한 학술 기사를 통해 이렇게 밝힌다. "지적 설계를 주장하는 핵심 인사들의 글과 인터뷰에 드러나듯이, 지적 설계 논증 깊숙한 곳에는 포스트모더니즘이라는 맥락이 흐르고 있다."¹⁹ 사실 페녹은 "지적 설계론은 기독교 근본주의와 포스트모더니즘 사이에서 태어난 사생아나 마찬가지"라고 노골적으로 지적한다. 필립 존슨의 진술은 이를 뒷받침한다.

우선 페녹은 워싱턴의 시애틀에 근거지를 두고 있는 '디스커버리연구소Discovery Institute'가 어떤 과정을 거쳐 설립되었는지, 그리고 보수 진영 정치 세력의 자금력에 어떤 식으로 빚을 지고 있는지에 대해 흥미롭게 풀어낸다. 또한 디스커버리연구소가 지금까지도 "포스트모더니즘이라는 말 위에 올라타 채찍을 휘두르고 있다."고 주장한다. 이 '말'은 어디서 나타났을까? 사실상 필립 존슨이 직접적인 근원지라고 할 수 있다. 실제로 존슨의 저작물에서 포스트모더니즘의 영향력을 찾아내는 것은 그리 어렵지 않다. 오히려 존슨은 대놓고 포스트모더니즘을 끌어안는다. 페녹은 존슨의 저작물과 인터뷰를 조사하는 과정에서 발견한 진술들을 그 증거로서 제시한다.

기독교적인 관점에서 볼 때 가장 큰 문제는 진화론에 대한 논쟁이 늘 '성경 대 과학' 구도로 제시된다는 점입니다. 이때 성경을 변호한다는 것이 가능할까요? …… 이러한 문제가 발생하는 이유는 오늘날 문화에서 '과학'이 객관적인 사실을 탐색

하는 과정으로 여겨지기 때문입니다. 이런 맥락 속에서 성경을 과학과 대립시킨다면 우리는 객관적으로 확립된 사실이나 실험을 맹목적으로 부정하는 사람들처럼 보일 수 있습니다.[20]

제 계획은 학문적인 장벽을 해체하는 것입니다. …… 저는 학문적인 체계를 상대화하고자 합니다.[21]

저는 제가 조금 다른 대상을 겨냥했을 뿐 그들과 마찬가지로 포스트모더니스트이자 해체주의자라고 설명했습니다.[22]

또 다른 인터뷰에서 존슨은 과학지식사회학의 '스트롱 프로그램'에 의식적으로 애착을 드러내기도 한다. 페녹이 지적하는 것처럼, 스트롱 프로그램 역시 포스트모더니즘과 완전히 동일한 개념은 아니지만 밀접한 유사성을 지닌 개념이다. 존슨은 자신이 과학지식사회학 문헌을 읽어봤을 뿐만 아니라 읽은 내용을 가지고 과학자들의 '객관적인' 주장에 대항해 지적 설계를 변호하고 싶다고 분명히 밝힌다.

"과학지식사회학적 접근법이 다윈의 진화론에는 적용된 적이 없다니 참 의아한 일입니다. 제가 책에서 다루고 싶은 내용이 바로 그 지점이에요."[23]

페녹은 그밖에도 수많은 증거를 제시한다. 다윈 진화론의 지적 권위를 약화시키는 동시에 지적 설계론을 대안으로 옹호하고자 했던 존슨은 분명 포스트모더니즘 논리를 이용하고 싶어 했다. 존슨이 이러한 전략을 선택한 이유는 무엇일까? 페녹은 이렇게 설명한다.

'과학이 진실과 관련되어 있다고 생각할 필요는 없다. 진화 역시 상상력이 만들어낸 이야기일 뿐이다.' 이러한 주장이 돌연 학자 집단의 입에서 나오기 시작했다. 급진적인 포스트모더니즘 논리에 따르면, 설령 경험적인 사실과 관련된 문제를 다룬다고 할지라도 과학적인 입장이 다른 입장에 비해 특별한 권위를 가질 이유가 없기 때문이다. 어느 집단이든 신념 체계의 기초로서 자기 집단만의 이야기를 선택할 수 있다. 결국 지적 설계론자들이 '신의 창조와 인류에 대한 신의 뜻'을 논리의 출발점으로 삼더라도 정당하다는 결론이 나온다.[24]

포스트모더니즘 사상이 지적 설계론에 영향을 미쳤다는 사실은 너무나도 분명해 보인다. 한편, 이러한 과정을 지켜본 기후변화 반대론자들은 지적 설계론을 참고해 과학에 맞서 싸우는 법을 터득하게 된다. "기존의 과학 지식을 공격하자. 자신만의 전문가를 찾아 지원하자. 해당 문제가 논란이 많다고 밀어붙이자. 언론과 로비 활동을 통해 자신의 입장을 노출시키자. 대중의 반응을 지켜보자."[25] 보수 진영 정치인들과 그 밖의 과학부인주의자들이 데리다나 푸코를 직접 공부하지는 않았다고 하더라도 그들 사이에 포스트모더니즘 사상이 전염병처럼 퍼져나가기 시작했다. 그들은 과학이 진리를 독점할 수 없다고 확신하기 시작했다. 그러므로 "보수주의자들은 정치적 이념에 어긋나는 과학적 사실을 공격할 때 포스트모더니즘 사상가들과 동일한 논리와 기법을 사용한다."라고 주장하더라도 전혀 틀린 말이 아니다.

그렇게 주장할 수 있는 근거는 무엇인가? 우선 포스트모더니즘 사상가들의 고백에 주의를 기울일 수 있다. 그들은 자신들이 내놓은 아이디어가 보수 진영에 의해 정치적으로 이용당하는 것을 확인하고는 경악을 금치 못했다.[26] 사회구성주의의 창시자 중 한 사람인 브뤼노 라투르Bruno Latour는 2004년에 쓴 "어째서 비평은 힘을 잃었나?Why Has Critique Run Out of Steam?"라는 글에서 《뉴욕타임스》에 실린 사설을 읽고 크게 걱정한 적이 있다고 고백한다. 기사 내용은 이러했다.

대다수의 과학자들은 지구온난화가 강력한 규제가 필요한 인공 오염 물질 때문에 발생한다고 믿고 있다. 공화당 정치자문위원 프랭크 런츠Frank Luntz 역시 이를 인정하면서 "논쟁의 문이 점점 닫혀가고 있다."라고 말한다. 하지만 런츠는 과학적인 증거가 완벽하지는 않다는 점을 강조한다. "만약 대중이 과학적인 문제가 합의에 이르렀다고 믿게 된다면 지구온난화에 대

"보수주의자들은 정치적 이념에 어긋나는 과학적 사실을 공격할 때 포스트모더니즘 사상가들과 동일한 논리와 기법을 사용한다."라고 주장하더라도 전혀 틀린 말이 아니다.

한 대중의 생각 역시 그에 맞춰 변화할 것이다. 따라서 우리는 계속해서 과학의 확실성이 부족하다는 점을 주된 이슈로 부각시켜야 한다."[27]

기사를 본 라투르의 반응은 마치 자신이 판매한 무기가 무고한 사람을 죽이는 데 사용되었다는 사실을 깨달은 무기상의 반응과 비슷했다.

내가 걱정하는 이유를 이해하겠는가? 과거에 나 역시 과학적 사실이 구조상 필연적으로 '확실성이 부족하다는 점'을 증명하려고 애쓴 적이 있었다. 나에게도 그렇게 하는 것이 주된 이슈였다. 물론 나는 이미 마무리된 논의의 확실성에 의문을 제기해 대중을 속이려고 했던 것은 아니었다. 아니, 어쩌면 속인 것이나 마찬가지였을까? 어쨌든 나는 바로 그 잘못 때문에 비난으로부터 자유롭지 못했다. 나는 여전히 내 의도가 '어떤 사실을 객관적인 사실이라고 성급하게 받아들이는 태도로부터 대중을 해방시키려던 것'이었다고 믿고 싶다. 하지만 어리석은 착각은 아니었을까? 상황이 너무 빨리 변했던 것일까?[28]

더 큰 문제는 무기 공장이 아직도 운영되고 있다는 점이다.

박사 과정에 있는 순진한 미국 학생들은 아직도 진리는 지어내는 것이라는 점, 간섭이나 편견 없이 자연스럽게 진실에 닿을 수 있는 방법은 없다는 점, 우리는 늘 언어라는 감옥에 갇혀 있다는 점, 우리는 특정한 입장을 결코 벗어날 수 없다는 점을 오랜 시간과 노력을 들여가며 배우고 있다. 바로 그 동일한 사회구성주의 논리를 사용해 위험한 극단주의자들이 우리가 힘들게 얻어낸 사실, 우리 목숨을 구할 수 있는 사실마저 파괴하려고 하는데도 말이다. 내가 과학학이라는 분야가 만들어지는 데에 기여한 것은 잘못이었을까? 이런 상황을 의도하지는 않았다고 변명하는 것만으로 용서가 될까? 좋든 싫든 지구온난화는 사실이라고 말하는 것이 왜 이렇게 힘들까? 왜 그냥 논의가 완전히 끝났다고 인정하지 못하는 것일까?[29]

학계에서 이만큼 진솔하게 후회를 표현하는 경우는 찾아보기 힘들 것이다. 물론 보수 진영의 과학부인주의 전략을 보면서 자신의 흔적을 발견한 포스트모더니즘 사상가는 라투르 외에도 있었다. 인문학 교수이자 문학 비평가인 마이클 베루베Michael Berube는 2011년에 이러한 글을 남겼다.

내가 예측한 대로, 이제 기후변화 반대론자들과 근본주의적인 창조론자들이 자연과학자들을 공격하기 시작했다. 게다가 그들은 진보 성향 학자들이 진보주의자들만 관심을 가질 것이라고 생각하고 발진시킨 바로 그 논리들을 가져다 쓰고 있다. 전문가 집단은 물론 자신이 대중 위에 군림한다고 생각하는 온갖 높으신 양반들에 대한 불신이 담겨 있던 전형적인 진보 진영 논리가 이제 보수주의자들에 의해 과학 연구의 권위를 실추시키는 강력한 도구로서 이용당하고 있다.[30]

베루베는 수치심이 극에 달했는지 결말 부분에 가서는 일종의 협상을 시도하려고 한다.

과학학이 끔찍한 오류를 일으킬 수 있으며 지극히 무지하고 반항적인 사람들에게 힘을 실어줄 수 있다는 당신의 주장은 옳았다. 인정하겠다. 하지만 문화 전쟁에 대한 내 생각, 자연과학조차 보수 진영에서 유발하는 소음으로부터 안전할 수 없다는 내 생각이 옳았다는 점은 당신도 인정해주어야 한다. 만약 당신이 거기서 더 나아가 관련된 정보를 신중하게 파악한 뒤 기존의 과학적 지식을 비판하는 것(예컨대, 세계대전 이후 임신과 출산을 의학적인 문제로 받아들인 것이 오히려 부정적인 영향을 초래했다고 비판하는 것)도 나름의 이점이 있다는 사실을 인정한다면, 나 역시 더 나아가 지금까지 대부분의 인문학자들이 관련된 정보를 신중하게 파악하지도 않은 채 과학과 이성을 비판해왔다는 점을 인정하도록 하겠다. 그러고 나면, 안전하고 지속 가능한 에너지를 어떻게 개발할 것이며 지구 환경을 보호할 사회적 관습을 어떻게 합의할 것인지 비로소 함께 논의할 수 있을지도 모른다.[31]

포스트모더니즘이 탈진실 현상의 책임을 지게 될까 봐 두려워하는 사람들은 진보 진영에서 나오는 성찰의 목소리를 애써 외면하려고 한다. 하지만 과학을 부정하는 태도가 결국 현실을 부정하는 태도로 이어진다는 사실은 결코 부인할 수 없다. 포스트모더니즘이 탈진실적인 정치 세계에 적용된다면 어떤 일이 벌어질까? 사실, 우리는 이미 주위에서 그 답을 목격하고 있다.

정말로 '진실'이 존재하지 않고 오로지 '해석'만 존재한다면, 그리고 미국인 수백만 명이 아무 생각 없이 그러한 관점을 받아들이고 있다면, 누가 굳이 애를 써가며 사실과 허구를 구분하려고 할까? 추운 기간이 존재한다는 사실을 기후변화가 일어나고 있지 않다는 증거로 해석하고자 한다면, 그리고 다른 수백만 명의 사람들도 그러한 해석에 동의한다면, 기후변화는 실제로도 거짓말이 되는 것이다. 주관적인 경험을 기준으로 놓고 봤을 때 미국 대통령 취임식에 기록적인 인파가 참석한 것처럼 느껴진다면, 실제로도 기록적인 인파가 참석한 것이 된다. 그렇지 않았음을 보여주는 항공 사진이 있다면 그것은 그저 다른 관점을 제시하는 것에 불과하다.[32]

켈리앤 콘웨이가 션 스파이서를 변호하면서 사용했던 '대안적 사실'이라는 표현이 떠오른다.

포스트모더니즘을 불러일으킨 본래 목적은 권위를 가진 자들의 착취로부터 가난하고 힘없는 자들을 보호하는 것이었다. 하지만 지금 기후변화로 가장 고통받는 부류가 바로 그 가난하고 힘없는 자들이다. 소칼의 예측이 거의 실현되기 직전인 셈이다. 더 이상 사실이 존재하지 않는데 진보 진영이 무슨 수로 보수 진영의 이념에 맞서 싸운다는 말인가? 아무 영향도 없을 것이라고 착각하면서 온갖 개념들을 가지고 장난을 벌인 대가를 치르게 된 것이다. 학계 내에서 진실 개념을 공격할 때만 하더라도 그저 흥미로운 놀이 같았다. 하지만 그러한 놀이 기술이 학계 밖으로 나와 과학부인주의자들, 음모론자들, 자기 직감을 어떤 증거보다 신뢰하는 방어적인 정치인들의 손에 쥐어지자 어떤 일이 벌어지고 있는가?[33]

그렇다면 진보 진영은 어느 쪽일까? 진실을 믿을까 아니면 믿지 않을까? 아마 적들에게 도움이나 위안을 제공하는 편과 진실이 존재한다는 주장을 옹호하는 편 사이에서 갈팡질

팡하는 사람들도 꽤 있을 것이다. 하지만 의문이 생긴다. 우리는 어떻게 포스트모더니즘이 보수 진영의 과학부인주의에서 현실을 구부리는 탈진실적 회의주의로 발전했다고 확신할 수 있을까? 트럼프가 취임한 이후 이러한 의문은 수면 위로 떠올랐다.[34] 이제 주류 언론에서도 둘의 연관성에 진지하게 관심을 가지는 기사들을 찾아볼 수 있다.[35]

반면 켈리앤 콘웨이가 데리다를 공부하는 광경을 목격하지 않는 이상 무엇도 장담할 수 없다고 고집을 부리는 사람들도 여전히 존재한다.[36] 어떤 사람들은 탈진실이 생각보다 훨씬 오래 전부터 존재했기 때문에 포스트모더니즘과 탈진실을 인과관계로 분석하는 것은 말도 안 된다고 주장하기도 한다. 다만 포스트모더니즘이 탈진실의 원인은 아닐지라도 탈진실에 대해 말할 거리를 제공한다는 점에서 유용할 수는 있다고 인정한다.[37]

하지만 둘 사이의 연관성을 대놓고 지적하는 철학자도 존재한다. 2017년 2월 12일, 《가디언》과의 인터뷰에서 대니얼 데닛Daniel Dennett은 탈진실 현상의 직접적인 원인을 포스트모더니즘에서 찾는다.

철학은 진실과 사실에 관한 문제를 다루는 면에서 썩 성공적이지 못했다. 어쩌면 이제 사람들은 철학자들이 꽤 위험할 수 있다는 사실을 깨닫게 될지도 모른다. 철학적 견해는 때때로 실제 현실에 무시무시한 결과를 초래할 수 있기 때문이다. 개인적으로 포스트모더니즘 사상가들이 저지른 일은 정말 악랄하다고 생각한다. 바로 그들 때문에 진실과 사실을 무시하는 태도가 남부끄럽지 않은 일로 여겨지는 지적 풍조가 생겨났다. 이제 주위에서 이런 말이 들려올 것이다. "아직도 사실이 존재한다고 믿는 부류가 있다던데 그쪽 분이신가 보네요."[38]

이보다 더 직접적인 근거가 있을까? 포스트모더니즘이 지적 설계론의 근원에 있었다는 사실을 입증하기 위해 로버트 페녹이 제시한 논증보다 더 확실한 증거가 있을까? 사실, 그런 증거가 존재한다.

트럼프를 지지하는 인터넷 괴물들

탈진실의 출현을 이해하려면 결코 '대안 미디어'의 중요성을 간과해서는 안 된다. '브라이트바트 뉴스Breitbart News'나 '인포워스'와 같은 대안 뉴스 창구가 없었다면, 트럼프는 자신이 하는 말이라면 무엇이든 믿으려고 하는 사람들에게 메시지를 전달할 수 없었을 것이다. 여기서 중요한 사실은 (제5장에서 살펴본 것처럼) 오늘날 뉴스가 파편화되어 있다는 점이다. 사람들은 더 이상 '진실'을 한두 개 언론에서만 찾으려고 하지 않는다. 사실 꼭 '언론'에서 찾을 필요도 없다. 대선 기간에 트럼프를 지지하는 움직임은 상당 부분 대안 우파 블로그에서 나왔다. 그중 가장 영향력 있는 블로거는 바로 마이크 세르노비치Mike Cernovich였다.

트럼프 지지자이자 미국 국수주의자인 세르노비치는 음모론을 좋아하는 블로거로서 25만 명의 트위터 팔로워를 보유하고 있다.[39] 하지만 세르노비치는 그저 그런 블로거가 아니다. 그는 《뉴요커》와 《워싱턴포스트》에 소개된 적이 있으며, 2016년 대선에 미친 지대한 영향에 대해 CBS 앵커와 인터뷰한 적도 있었다. 어떤 사람들에게는 끝없는 가짜 뉴스 행렬에 꾸준히 기여한 인물로 일축당하기도 한다.[40] 실제로 힐러리 클린턴이 죽을병에 걸렸다며 트위터에서 힐러리 건강 관련 해시태그 운동을 추진한 인물이 세르노비치였다.[41] 앞에서 클린턴 부부가 피자 가게에서 아동 성매매 사업을 운영한다는 '피자게이트 루머' 때문에 총기 사고가 일어날 뻔했던 사건을 기억하는가? 피자게이트 루머를 퍼뜨린 인물 중에는 세르노비치도 포함되어 있었다.[42] 그는 힐러리 선거 팀이 악마를 숭배하는 난교 의식에 참여한다고 비방하기도 했다.[43] 한편 《뉴요커》와의 인터뷰에서는 데이트강간이 실제로는 존재하지 않는 개념이라거나 자신의 첫 결혼생활이 실패한 이

유가 페미니즘에 세뇌를 당한 전처 때문이라는 등 논란이 될 만한 여러 사상을 드러내기도 했다.[44]

이는 트럼프 행정부의 총애로 이어지게 되었다. 2017년 4월, 트럼프는 트위터를 통해 세르노비치에게 "퓰리처상을 수상해야 한다."며 격려 메시지를 보냈다. 수전 라이스Susan Rice(오바마 정부 국가안보좌관—옮긴이)가 트럼프 캠페인 관계자에 대한 정보 보고 문서를 누설했다는 의혹을 세르노비치가 폭로했기 때문이다. 한편, 세르노비치가 CBS 인터뷰를 앞두고 있다는 사실을 확인한 켈리앤 콘웨이는 트위터에 인터뷰를 시청하라고 홍보를 하면서 세르노비치의 블로그 주소까지 링크해 올렸다. 한 비평가는 이렇게 평했다. "콘웨이와 트럼프가 세르노비치를 띄워주려고 애쓰는 모습을 보고 있자면 트럼프 행정부에 대해 많은 것을 깨닫게 된다. 그들은 자신들이 입는 피해를 무마시키는 데에 도움만 된다면 설령 음모론자라도 기꺼이 받아들이고자 한다."[45]

세르노비치가 엄청난 영향을 미친 것은 분명해 보인다. 그렇다면 세르노비치와 포스트모더니즘과는 무슨 관계가 있을까? 그의 《뉴요커》 인터뷰 기사를 읽다 보면 작은 실마리 하나를 얻을 수 있다.

논의를 돕기 위해, 월터 크롱카이트가 사실은 모든 뉴스에서 거짓말을 했다고 가정해보죠. 트위터가 없던 시절에는 누군들 알아차렸겠습니까? 제가 대학 시절에 포스트모더니즘을 읽어봤는데 말입니다. 모든 주장이 결국 이야기에 불과하다면 지배적인 이야기에 대안을 제시할 수도 있어야 하겠죠. 제가 라캉을 공부할 사람처럼 안 보이긴 하죠?[46]

세르노비치는 겉보기에 블루칼라처럼 보일지 모른다. 하지만 실제로는 꽤 높은 수준의 교육을 받았다. 페퍼다인 대학교Pepperdine University에서 법학 학위를 받았으며 수업 중에도 집중하는 학생이었다. 세르노비치 역시 익숙한 주장을 펼친다. 오로지 관점만 존재할 뿐 진실은 존재하지 않는다면 우리가 어떤 사실을 제대로 아는 것이 가능할까? 주류 언론에서 나오는 뉴스를 의심하거나 음모론을 받아들이지 못할 이유가 어디 있을까? 뉴스가 사실을 전달하는 것이 아니라 그저 정치적 이념을 표현하는 것에 불과하다면 뉴스를 지어내지 못할 이유는 무엇일까? 누가 제시하는 사실이 우위에 있어야 할까? 누구의 관점이 옳은 관점일까?
포스트모더니즘은 분명 탈진실의 후견인이나 마찬가지다.

제7장

탈진실에 맞서 싸우다

Fighting Post-Truth

> 지금 우리는 명백한 사실을 거듭 외치는
> 것이 지성을 가진 사람의 첫 번째 의무인
> 절박한 시대를 살아가고 있다.
>
> – 조지 오웰

진실은 정말로 죽었는가?

2017년 4월 3일, 《타임》에는 "진실은 죽었는가?Is Truth Dead?"
라는 제목의 표지기사가 실렸다. 마치 눈에 확 띄는 예술 작품
같았다. 기사 제목을 보면, 1960년대의 혼란스러웠던 시기에
신에 대해 똑같은 질문을 던진 예전 기사가 떠올랐다. 1966년
4월경, 케네디 대통령이 암살당했고 베트남전 개입이 심화되
었으며 국내 범죄율이 높아졌고 국민들이 제도권을 불신하
기 시작했다. 우리가 어디를 향해 나아가고 있는지 국민적 차
원의 성찰이 필요한 시기였다. 그렇다면 수십 년 만에 《타임》
이 다시금 국민적 차원의 성찰을 요구하게 된 계기는 무엇이

었을까? 바로 트럼프의 대통령 당선이다.

포문을 여는 에세이를 통해 당시 편집장 낸시 깁스Nancy Gibbs는 진실을 장난감처럼 다루는 대통령을 마주한 때에 진실 개념에 대한 우리의 마음가짐을 되새기게 만드는 무거운 의문을 제시한다. 이것만으로도 마음에 동요가 생기지만 뒤이어 나오는 분석은 훨씬 더 충격적이다.

도널드 트럼프에게 '파렴치함'이라는 특성은 개성에 불과한 것이 아니라 전략과도 같다. …… 취임식 관중 규모, 부정 선거에 대한 억측, NATO 기금에 대한 왜곡, 사실무근의 도청 의혹 등 트럼프의 발언 상당수가 반대 증거에 의해 거짓임이 드러났다. 하지만 트럼프를 거짓말쟁이라고 비난하고 넘어가는 정도로는 여전히 불편한 궁금증이 남는다. 트럼프가 실제로 믿는 사실은 무엇일까? 자신이 하는 말을 진심으로 믿고 있더라도 거짓말한 것이 될까? …… 거짓말, 자의적인 해석, 망상의 경계는 어디일까? 트럼프 수석고문 켈리앤 콘웨이의 표현을 빌리자면, 사실과 대안적 사실 사이의 경계, 실질적인 증거가 보증하는 결론과 청중이 도달하기를 바라는 결론 사이의 경계는 어디일까?[1]

'폴리티팩트'에서 조사한 바에 따르면 트럼프가 지난 대선에서 선거 운동 중에 발언한 내용 중 70퍼센트가 거짓인 것으로 드러났다. 또한 선거 기간에 실시한 여론조사에 따르면 전체 유권자 중 약 3분의 2가 트럼프를 신뢰하지 않는다고 답했다. 하지만 그럼에도 불구하고 트럼프는 선거에서 승리했다. 따라서 우리는 진실에 대한 위협이 도를 한참 넘어선 것은 아닌지 의문을 품을 수밖에 없다.[2] 만약 정말로 그렇다면, 《타임》의 표지에 나오는 문구는 전혀 과장이 아니며 소름끼칠 정도로 시기적절한 질문이라고 할 수 있다.

"진실은 '정말로' 죽었는가?"

거짓에 맞서 싸워라

문제의 원인을 이해하지 않으면 문제를 조금도 해결할 수 없다는 전제 아래, 우리는 지금까지 탈진실의 근원이 무엇인지 살펴보았다. 이제는 진짜 핵심 질문을 던질 차례가 왔다. 탈진실에 대해 우리가 할 수 있는 일이 있기는 할까? 2008년, 파하드 만주Farhard Manjoo는《이기적 진실True Enough》이라는 책을 출간했다(실제로 집필한 시기는 2006년이었다).[3] 변화를 맞이하기 한참 전부터 미국 정치 무대 전반에 앞으로 어떤 일들이 벌어질지 내다본 사람이 있다니 그저 놀라울 따름이다.[4] 만주는 스마트폰이 나오기도 전에 이 책을 썼다. 전국적인 레이더망에는 오바마가 잡히지도 않던 시절이었다. 실제로 만주가 책에서 다룬 사례 중 하나는 2004년에 '진실을 위한 고속정 참전 용사들Swift Boat Veterans for Truth'이라는 공화당 지지 단체가 당시 민주당 대선 후보인 존 케리John Kerry를 겨냥해 벌인 흑색선전 운동이었다(당시 공화당 대선 후보는 조지 부시였다). 이 경우에도 대중의 인지 편향을 조종하고 언론을 통해 반대 논리를 전국적으로 퍼뜨리는 전략은 뚜렷이 나타난다. 지금 와서 보면 당시 사건들과 2016년 대선 사이에 접점을 찾아내기가 그리 어렵지 않을 것이다. 하지만 만주는 당시부터 이미 미디어의 파편화, 정보 편향, 객관성의 쇠퇴 같은 개념을 이해하고 있었으며, 진실을 알 수 있는지는 물론 진실 자체가 존재하는지에 대해서도 의혹이 깊어질 것임을 예견했다.

파하드 만주는 우리가 그러한 흐름에 맞서 싸우려면 어떻게 해야 한다고 제안할까? 아쉽게도 그리 많은 이야기를 해주지는 않는다. 심지어 마지막 장은 '믿음이 없는 세상을 살아가는 법'이라는 제목이 붙어 있는데도 무엇을 믿을지 "지혜롭게 선택해야 한다."는 조언 외에는 딱히 실용적인 조언을 제시하지 못하고 있다. 물론 앞을 그렇게나 멀리 내다본 사람에게 다가올 위기에 맞서 싸울 수 있는 도구까지 제시해달라고 하는 것은 지나친 요구일지도 모른다. 해답까지 내다볼 수 있었다면 애초에 문제가 발생하지도 않았을 테니까 말이다. 하지만 나는 조금 더 나아가고자 한다. 사실 이제부터는 앞으로 어떤 일이 벌어질지 예측할 필요조차 없다. 우리는 이미 탈진실 세계를 살아가고 있기 때문이다. 이 책을 통해 탈진실 현상이 왜 일어났는지에 대해서는 아마 조금 더 잘 이해하게 되었을 것이다. 하지만 탈진실의 근원에 대한 이해가 탈진실에 맞서 싸우는 데 어떻게 도움이 될 수 있을까? 만주가 지적한 대로, 탈진실 사회를 살아가는 방법을 깨우칠 수는 있을까? 그럴 수 있다고 하더라도 개인적으로 나는 그러고 싶지 않다. 내게 중요한 문제는 진실이 하찮게 여겨지는 세상에 적응하는 법을 배우는 것이 아니라 진실 개념을 옹호하면서 탈진실에 맞서 싸우는 법을 배우는 것이기 때문이다. 실제로 우리가 받아들이려고 애써야 하는 실용적인 조언 하나를 살펴보자.

'진실을 위한 고속정 참전 용사들' 캠페인이 벌어지는 동안 존 케리가 뼈아프게 깨달은 교훈이 하나 있다. 당시 몇몇 보수 성향 참전 용사들은 케리의 빛나는 참전 기록을 무너뜨리기 위해 고의적으로 가짜 이야기를 지어내고 있었다. 하지만 고속정 참전 용사들 가운데 실제로 케리와 같이 베트남전에 참전한 사람은 조지 엘리엇George Elliot밖에 없었다. 처음에 엘리엇은 케리가 전쟁 중에 겁쟁이처럼 굴었다고 주장했으나 고속정 캠페인 광고가 TV에 등장하기 시작한 이후 곧바로 자신의 주장을 공개적으로 철회했다. 하지만 이미 때는 늦었다. 텍사스 갑부들을 비롯해 많은 사람들이 이미 캠페인에 돈을 쏟아붓고 있었기 때문이다. 엘리엇의 철회 선언은 외면당했다. 엘리엇의 철회 기사를 터뜨린《보스턴글로브Boston Globe》기자가 케리의 선거 운동 팸플릿 서문을 대신 써줬다고 주장하는 가짜 뉴스가 떠돌기도 했다. 물론 거짓 선동이었지만 딱히 중요하지 않았다. 사람들은 이미 자기 편을 선택했기 때문이다. 게다가 케리는 굳이 '고속정 참전 용사들'을 띄워주지 않겠다며 무반응으로 일관하는 실책을 범했다. 참전 용사들은 꼬박 2주 동안 전국 방송에서 케리에게 비난을 돌릴 수 있었다. 결국 케리는 최종 승부처인 오하이오에서 수천 표 차이로 대선 패배를 맛보게 되었다. 당시로서는 미국이 탈진실 시대에 들어서고 있다는 생각은 조금도 하지 못했을 것이다.[5]

　여기서 배울 수 있는 교훈은 거짓말에는 언제나 맞서 싸워야 한다는 점이다. 어떤 주장이 아무리 터무니없다고 할지라도 아무도 믿지 않으리라고 생각해서는 안 된다. 거짓말쟁이가 거짓말을 하는 이유는 누군가가 그 말을 믿을 가능성이 존재한다고 생각하기 때문이다. 모두가 충분한 상식을 갖추고 있어서 거짓말에 속아 넘어가지 않을 수 있다면 좋겠지만 더 이상 그러한 가정을 해서는 안 된다. 탈진실 시대에는 당파적인 힘이 개입해 사람들을 조종하고 정보의 출처가 파편화되어 있어서 누구든 의도적 합리화에 쉽게 빠질 수 있기 때문이다. 우리가 거짓말에 맞서야 하는 이유는 거짓말쟁이를 설득하기 위해서가 아니다. 어차피 거짓말쟁이는 이미 자신의 검은 속내에 너무나 깊이 빠져서 갱생의 여지가 없을 수 있다. 그보다 우리는 모든 거짓말에 관객이 존재한다는 점을 기억하면서 아직 시간이 있을 때 조금이라도 다른 사람들에게 유익을 주기 위해 거짓말과 맞서 싸워야 한다. 우리가 거짓말에 맞서지 않는다면, 단지 무지한 상태에 있던 사람들이 의도적 인식 회피 단계를 지나 본격적인 부인주의 단계로까지 나아갈 수 있다. 그때가 되면 어떠한 사실이나 증거도 전혀 귀에 들어오지 않는 상태가 될 것이다. 적어도 우리는 거짓말을 마주하면 거짓말이라고 당당하게 말할 수 있어야 한다. 탈진실 시대를 살아가는 우리는 사실 문제를 모호하게 만들려는 그 어떤 시도에도 의문을 제기해야 하며 어떠한 거짓에도 맞서 싸워야 한다.

거짓이 내는 목소리가 아무리 크다고 할지라도 '진실'은 우리에게 맞서 싸울 힘을 준다. 당파적인 주장이 끝없이 이어지고 회의론이 시끄럽게 울려퍼지는 시대라고 할지라도 '진실'은 결국 드러나기 마련이다. 2015년에 14개 주에서 홍

탈진실 시대를 살아가는 우리는 사실 문제를 모호하게 만들려는 그
어떤 시도에도 의문을 제기해야 하며 어떠한 거짓에도 맞서 싸워야
한다.

역이 발생하자, 백신과 자폐증의 상관관계에 대한 '양쪽 이야기'가 언론에서 자취를 감추기 시작했다. 웨이크필드 사기극의 실체를 밝히는 책이 더 잘 팔렸다. 여태까지 저지른 공모 행각이 발각될까봐 TV 프로그램 진행자들이 불안에 떨었다. 전문가와 회의론자를 분할 화면에 나눠놓고 논쟁을 시키는 방송이 사라졌다. 피해를 입는 사람들이 생겨나자 기계적 중립성을 고수하는 것이 옳지 않다는 생각이 퍼졌다.

똑같은 일이 기후변화와 같은 다른 주제에서도 일어날 수 있을까? 사실 어느 정도는 이미 일어나고 있다. 2014년 7월 기준으로 BBC는 기후변화 반대론자들에게 더 이상 동일한 방송 시간을 제공하지 않기로 결정했다.[6] 《허핑턴포스트》는 2012년 4월에 이미 동일한 결정을 내렸다. 창립자인 아리아나 허핑턴Arianna Huffington은 당시 이렇게 말했다.

우리는 기사를 집필할 때, 특히 논쟁적인 주제를 다루는 기사를 집필할 때, 어떤 면으로 보나 가장 설득력 있는 주장만을 택한 뒤 최대한 자세하면서도 명료하게 전달하고자 노력할 것이다. 우리의 목표는 우리가 다루는 대상을 만족시키려는 것도 아니고 균형 잡힌 척하는 기사를 만들어내려는 것도 아니다. 우리는 오로지 진실만을 추구하고자 한다. …… 논쟁적인 주제를 조사하는 데 증거의 균형이 한쪽으로 쏠려 있다면 기사에도 그대로 반영할 것이다. 우리가 모든 측면을 공정하게 고려하고 반영했다는 것을 독자들이 확신할 수 있도록 최선을 다할 것이다.[7]

이렇게 할 때 어떤 유익이 있을까? 우리가 어차피 탈진실 시대를 살고 있다면 미디어가 방침을 어떤 식으로 바꾸든 딱히 의미가 없는 것처럼 느껴진다. 기후변화 같은 문제에 대한 우리의 신념이 이미 인지 편향과 정치적 이념에 따라 확고히 결정되었다면 무슨 수로 신념을 바꿀 수 있을까? 혹시 그냥 채널을 돌리면 안 될까? 그렇게 하더라도 어차피 우리는 진실을 거부할 수밖에 없을까?

사실 꼭 그런 것은 아니다. 의도적 합리화나 인지 편향 같은 것들의 영향력이 매우 강력하기는 하지만, 진실에 반복적으로 노출되다 보면 결국 효과가 있다는 사실을 잊어선 안 된다. 제3장에서 간단히 논의한 데이비드 레드로스크 팀의 연구를 떠올려보자.[8] 논문 부제에서 그들은 우리에게 딱 필요한 질문을 던진다. "의도적 합리화를 겪는 사람들이 사실을 받아들일 수 있을까?" 물론 브렌던 나이한과 제이슨 레이플러 등이 연구를 통해 밝힌 것처럼, 당파적 편견에 사로잡힌 사람들은 자신들의 신념에 상충되는 증거를 거부하고자 하는 강한 의지를 가지고 있다. 때로는 '역화 효과'를 일으키기까지 했다. 하지만 여기에 한계는 없는 것일까? 레드로스크 팀은 이렇게 시적한다.

투표에 참여하는 사람들이 무한정 [증거를 거부하지는] 않을 것 같다. 무한정 거부한다는 것은 광범위한 반대 증거들에 직면하고서도 의도적 합리화를 멈추지 않는다는 뜻이기 때문이다. 이 연구에서 우리는 투표자들로 하여금 그들의 기대에 부합하지 않는 정보를 계속 마주하도록 함으로써 의도적 합리화 과정이 극복될 수 있는지 알아보고자 한다. 만약 극복이 가능하다면, 투표자들은 분명 일종의 '티핑포인트'에 도달할 것이다. 또한 해당 지점을 지난 뒤에는 판단을 훨씬 정밀하게 수정하기 시작할 것이다.[9]

연구 결과는 연구진의 예측과 일치했다. 그들은 '정서적인 티핑포인트가 실제로 존재한다'는 실험적인 증거를 발견했으며, 따라서 투표자들은 설령 처음에 의도적 합리화를 겪는 상태였다고 할지라도 반대 정보에 무한정 면역인 것은 아니다.[10] 한편 제임스 쿠크린스키James Kuklinski와 동료 연구가들 역시 잘못된 신념이 꽤 완강할 수는 있지만 사실 정보를 가지고 '강력한 충격'을 반복적으로 제공한다면 신념을 변화시키는 것이 가능하다고 설명한다.[11] 불편한 진실을 가지고 사람들을 설득하는 것은 쉽지 않은 일이지만 결코 불가능한 일은 아니다.

분명 말이 되는 얘기다. 실제로 현실을 끊임없이 부정하다가 결국 종말을 맞이해 '다윈상Darwin Award(어처구니없는 방식으로 죽음을 당하거나 생식 능력을 잃은 사람들에게 주는 상—옮긴이)'을 수상하고야 마는 사람들에 대해 들어본 적이 있지 않은가? 자연선택에 의한 진화가 인간이 영원히 진실에 저항하도록 내버려둘 리가 없다. 언젠가 진실이 우리에게 영향을 미치는 순간, 우리는 인지부조화를 해소하기 위해 우리의 잘못된 신념을 포기하게 될 것이다. 이를 뒷받침하는 증거는 실험실뿐만 아니라 현실 세계에도 존재한다.

플로리다의 코럴게이블즈Coral Gables라는 도시는 해수면보다 3미터 높이 위치해 있다. 과학자들은 수십 년 내에 도시가 물에 잠길 것이라고 예측한다. 공화당원 제임스 카슨James Cason은 새 시장으로 선출된 직후 기후변화가 사우스플로리다에 미칠 영향에 관한 강의를 듣게 된다. 카슨은 소스라치게 놀랐다. "물론 저도 여기저기서 관련 기사들을 읽어봤죠. 하지만 기후변화가 제가 지금 지도자로 있는 도시에 이렇게 어마어마한 영향을 미치리라고는 생각도 못했습니다."[12] 그때 이후로 카슨은 경각심을 일깨우기 위해 노력했지만 썩 운이 따르지는 않았다.

"전 그런 거 안 믿어요."라고 하시는 분들도 계시고, "제가 할 수 있는 일을 알려주시면 관심을 가져볼게요."라고 하시는 분들도 계시죠. "지금 다른 고민거리도 너무 많아서요. 그건 나중에 생각할게요."라고 하시는 분들도 계시고, "그건 제 손주들이 알아서 하겠죠."라고 하시는 분들도 계세요.[13]

카슨은 이제 기후변화와 관련된 법적 책임 문제를 알아보고 있다. 또한 전국 곳곳에 있는 동료 공화당원들이 너무 늦기 전에 지구온난화 문제를 심각하게 받아들이기를 바라면서 계속 경고의 목소리를 내고자 한다. 2016년 어느 공화당 토론회가 열리기 하루 전날, 카슨은 역시 공화당원이자 마이애미 시장인 토머스 레갈도Tomas Regaldo와 함께《마이애미 헤럴드Miami Herald》에 기명 사설을 기고했다. 둘은 이렇게 말한다.

확고한 공화당원으로서 우리는 당의 입장과 마찬가지로 정부의 지나친 간섭과 규제를 지지하지 않는다. 하지만 우리를 포함해 사우스플로리다에 근무하는 수많은 공무원들에게 있어서 기후변화 문제는 당파적인 이슈가 아니다. 기후변화는 실제로 다가오고 있는 위기이며 우리는 가능한 한 빨리 기후변화에 대처해야 한다.[14]

'샤덴프로이데schadenfreude'는 남의 불행을 보고 느끼는 쾌감을 이르는 말이다. 진보주의자에게 자신의 말이 옳았다고 좋아할 시간은 없다. 설령 당신이 기후변화에 관한 사실들을 부정하려고 애쓰더라도 눈앞에서 사실들이 증명되는 과정을 목격하게 될 것이다. 물이 거주지 위로 혹은 사업장 위로 스멀스멀 올라오면 사람들은 사실을 듣기 싫어도 들을 수밖에 없을 것이다. 그렇다면 그때까지 그저 기다려야 한다는 뜻일까? 그렇지 않다. 우리는 비판적인 사고를 거들고 탐사 보도를 지원할 수 있다. 우리는 거짓말쟁이들에게 소리칠 수 있다. 물이 차오르기 전에 우리는 진실을 가지고 사람들을 충격에 빠뜨릴 방법을 찾아내야 한다.

물론 이러한 전략을 사용할 때는 각별히 주의해야 한다. 심리학 연구에 따르면, 사람들은 불안하고 위험하다고 느낄수록 듣는 내용을 잘 받아들이지 못하는 경향이 있기 때문이다.

나이한과 레이플러는 최근 연구에서 실험 참가자들에게 자기 확신을 강화할 시간을 준 뒤 참가자들을 새로운 정보에 노출시켰다. 자신에 대해 긍정적인 감정을 가지고 있는 사람일수록 오해를 바로잡는 정보를 더 잘 받아들일 것이라고 가정했기 때문이다. 연구진은 미세한 상관관계를 발견했지만 결과가 충분히 일관적이지는 못했다. 어떤 주제에서는 가설이 들어맞았지만 어떤 주제에서는 그렇지 않았다. 한편, 동일한 연구를 통해 발견한 내용 가운데 더욱 강력한 사실도 있었다. 도표 형태로 제공되는 정보가 이야기 형태로 제공되는 정보보다 더욱 설득력이 있다는 점이다.[15] 즉, 잘못된 정보를 알고 있는 사람을 설득하고 싶다면 소리를 지르는 대신 조용히 도표를 하나 건네주는 것이 최선일지도 모른다는 사실이다.

특히 상대편이 어리석거나 완고하게 행동한다고 느끼는 경우, 정치색을 완전히 뺀 채로 사실 관계를 묻기가 어려울 수 있다. 그럴 때는 우리 역시 똑같은 성향을 가지고 있다는 점을 이해하는 게 도움이 될 수 있다. 바로 이 지점에서 배울 수 있는 교훈이 또 있다. 탈진실에 맞서 싸우는 가장 중요한 방법 중 하나는 우리 속에 있는 탈진실적인 경향성을 물리치는 것이다. 진보주의자든 보수주의자든 우리 모두는 탈진실로 이어질 수 있는 다양한 인지 편향을 타고난다. 따라서 탈진실이 다른 사람에게만 나타난다거나 다른 사람에게만 문제를 초래한다고 가정해서는 안 된다. 다른 사람이 외면하려고 하는 진실을 찾아내는 것은 그리 어렵지 않다. 하지만 우리 속에서도 그러한 진실을 발견할 준비가 되어 있는가? 어차피 우리가 모든 사실을 파악할 수는 없다고 마음속 목소리가 속삭이더라도 '자신이 믿고 싶어 하는 사실'을 의심할 준비가 되어 있는가?

비판적 사고를 방해하는 한 가지 요인은 '확증 편향'이라 탈진실에 맞서 싸우는 가장 중요한 방법 중 하나는 우리 속에 있는 탈진실적인 경향성을 물리치는 것이다. 진보주의자든 보수주의자든 우리 모두는 탈진실로 이어질 수 있는 다양한 인지 편향을 타고난다. 따라서 탈진실이 다른 사람에게만 나타난다거나 다른 사람에게만 문제를 초래한다고 가정해서는 안 된다.

는 한 가지 물줄기만을 따라 헤엄치는 것이다. 정보를 주로 한 가지 출처를 통해서만 얻고 있다면 혹은 특정한 채널 하나에만 정서적인 반응을 보이고 있다면, 출처를 다양화시켜야만 한다. 앞서 제2장에서 다루었던 숫자 나열 실험에서 자신이 안다고 생각하는 방식 외에는 아무 방식도 시도하려고 하지 않았던 사람들을 기억하는가? 우리는 그래서는 안 될 것이다. 그렇다고 가짜 뉴스까지 받아들이라는 말은 아니다. 혹은 폭스뉴스와 CNN 사이에서 일종의 기계적 중립성을 유지해도 괜찮다는 말도 아니다. 그보다는 뉴스 출처를 올바로 검증하는 방법을 배우고 자신이 접한 뉴스가 가짜 뉴스라고 확신할 수 있는 이유가 무엇인지 고민하라는 뜻이다. 단지 뉴스를 접하고 기분이 나빠졌기 때문에 가짜 뉴스라고 취급하는 것인가? 아니면 제5장의 베들리 선생의 학생들처럼 확실한 평가 기준에 비추어 가짜 뉴스라고 판단하는 것인가? 특히 뉴스에 우리가 믿고 싶어 하는 내용이 나오는 경우 더욱 의심하는 방법을 배워야 한다. 사실 이는 과학이 우리에게 가르쳐주는 교훈이다.

'진보 과학'이라거나 '보수 과학' 같은 것은 존재하지 않는다. 실증적인 의문을 가지고 있는 경우 가장 중요한 기준은 결국 '증거'다. 오래전 대니얼 패트릭 모이니한Daniel Patrick Moynihan 상원의원도 이런 말을 남겼다. "누구나 자신만의 의견을 가질 권리는 있다. 하지만 자신만의 사실은 가질 수 없다." 과학은 경험적인 증거에 비추어 우리의 믿음을 끊임없이 점검하는 태도를 갖추도록 도와준다. 또한 진실이 무엇인지 알게 됨에 따라 우리의 믿음을 끊임없이 고쳐나가는 태도를 갖추도록 도와준다. 과학 외에 다른 사실 문제를 고려할 때에도 이러한 태도를 숙지하겠다고 다짐할 수 있겠는가? 그러지 못하겠다면 안타깝지만, 탈진실보다 훨씬 더 위험한 무언가가 당신을 기다리고 있을 것이다.

우리는 선진실 시대에 들어서고 있을까?

루스 마커스Ruth Marcus는 트럼프가 《타임》과 나눈 인터뷰를 확인한 뒤 평소보다 더 근심에 가득 찬 상태로 《워싱턴포스트》 기사를 집필했다.[16] 트럼프는 사실 검증 전문가들을 혼란에 빠뜨릴 만한 온갖 얘기를 늘어놓고 있었다.[17] 《워싱턴포스트》에서는 트럼프를 가리켜 여러 차례 '피노키오'라고 표현했고, 《뉴욕타임스》나 그 밖의 신문사들 역시 트럼프의 허위 진술(혹은 거짓말)을 질책했다.[18] 하지만 마커스가 걱정한 것은 상습적인 거짓말을 뛰어넘는 문제였다.

트럼프는 인터뷰에서 이렇게 말했다. "저는 웬만하면 제 직감을 따르는 사람입니다. 그런데 지나고 보면 제 직감이 옳더군요." 그가 말한 내용 중에는 애초에 증거를 가지고 증명할 수가 없는 내용도 존재하지만 어쨌든 그조차 '진실'이라는 것이다. 트럼프는 증거가 존재했는데 그 증거를 자신만 확인했다고 주장하고 있는 것이 아니다. 자기가 한 말을 진실이라고 믿었더니 정말로 진실이 되었다고 주장하고 있는 것이다. 단지 자기 예측이 맞아떨어졌다고 좋아하는 수준을 넘어서서 자신이 현실을 바꿀 능력을 가지고 있다고 말하는 것만 같다. 마커스는 이렇게 평한다. "자신의 말이 진실이 아니라고 해도 상관없다. 트럼프 대통령은 어떻게든 그 말을 진실로 만들거나 적어도 그 말이 진실이라고 주장할 것이다."[19]

예를 들어, 2017년 2월 11일에 한 집회에서 트럼프는 연설 중에 "어젯밤 스웨덴에서 있었던 일"에 대해 애매하게 언급했다. 스웨덴 사람들은 당황했다. 자신들이 알기로는 어젯밤에 별일이 없었기 때문이다. 알고 보니 트럼프는 폭스뉴스에서 스웨덴에 거주하는 이민자에 대해 다룬 뉴스를 언급한 것이었다. 실제로는 아무 일도 없었다. 그렇게 이틀 뒤, 스웨덴 스톡홀름의 이민자 거주 지역에서 폭동이 일어났다(아마 트럼프가 이민자 문제를 심화시킨 결과로 보인다).《타임》과의 인터뷰에서 트럼프는 자신이 옳았다는 사실을 뿌듯하게 밝힌다.

스웨덴. 그렇게 한 마디 하면 다들 미쳐버리는 거죠. 다음 날에 어마어마한 폭동이 있었죠. 사망 사고도 있었고 문제도 터졌고. …… 하루 뒤에 스웨덴에서 정말 끔찍한 폭동이 있었죠. 무슨 일이 벌어졌는지 보셨을 겁니다.[20]

트럼프가 정말로 옳았다는 말일까? 물론 그렇지는 않다. 폭동은 '어젯밤'에 일어난 일이 아니었고 '어마어마한 폭동'도 아니었으며 사망 사고도 없었다. 하지만 트럼프는 이 사건으로 본인의 말이 정당성을 얻었다고 생각했다.

예를 하나 더 살펴보자. 2017년 3월 4일 이른 아침, 트럼프는 대선 기간 중에 오바마가 트럼프타워에 '도청 장치'를 설치했었다고 트위터에 올렸다(이번에도 아무런 증거 없이 폭스 뉴스 기사만 보고 반응한 것으로 보인다). 여러 공신력 있는 정보 기관에서 조사를 했지만 그런 일이 벌어졌다는 증거는 나오지 않았다. 그러다 3월 24일, 데빈 누네스Devin Nunes(공화당 소속 하원정보위원장) 대변인이 기자 회견을 열어 "방금 막 대통령에게 심히 걱정스러운 사실들에 대해 브리핑했다."고 발표했다. 걱정스러운 사실들이란 누네스가 비밀 정보원을 통해 알게 된 내용으로 트럼프 대통령 사찰 문제와 관련되어 있었다고 한다. 알고 보니 그 사실들은 바로 전날 밤 트럼프의 보좌관 둘이 보고한 내용이었다.

의회와 언론이 계속해서 파고든 결과, 몇몇 트럼프 보좌관들이 러시아 관리들의 정례적인 정보 수집 활동에 우연히 걸려든 것으로 드러났다(보좌관들이 러시아 관리들과 통화까지 하면서 무슨 일을 하고 있었던 것인지는 아직 확정되지 않았다). 하지만 트럼프는 이 사건이 자신의 이전 발언을 정당화한다고 받아들였다. 트럼프는 "결국 내 말이 옳다는 뜻"이라고 말하면서 "오명을 씻은 기분이 든다."고 주장했다. 발언한 당시에는 지금 벌어진 일들을 알 수 있는 방법이 없었는데도(게다가 러시아 관리들이 보좌관의 통화 내용을 우발적으로 수집했다는 사실이 어떻게 해서 오바마가 트럼프를 도청했다는 결론으로 이어지는지는 여전히 의문임에도) 트럼프는 자신에게 명예를 돌리고 있었다.

대체 무슨 일이 벌어지는 것일까?

마커스는 "트럼프는 단지 현실을 받아들이기를 거부하는 것이 아니라 현실을 자기 마음대로 구부리고 있다."고 지적한다. 《가디언》이 트럼프의 인터뷰 내용을 분석한 기사에서는 좀 더 광범위한 결론이 따라 나온다.

트럼프식대로 말하자면, 진실은 사실과 다르다. …… 진실한 발언은 꼭 세상에 벌어진 일을 정확히 설명할 필요는 없다. 이론적으로 일어났을 법한 일을 대충 혹은 과장해서 이야기하면 된다. 대통령이 지적한 날에 스웨덴에 테러가 발생했는지는 중요한 문제가 아니다. 이후에 발생한 폭동이 규모가 컸는지 혹은 사망 사고가 있었는지 역시 중요하지 않다. 대충 비슷하게만 추측하면 충분하다.

트럼프식대로 말하자면, 믿음은 진실이 보내는 신호와 같다. 트럼프를 지지하는 사람들이 그를 믿는다면 트럼프가 말하는 내용은 참이 될 것이다. 반대로, 트럼프를 비난하는 사람들이 그를 믿지 않는다면 이 역시 트럼프가 말하는 내용이 참이 될 것이라는 증거다.

마지막으로 트럼프식 화법은 저울질과 유사하다. 진실에는 독자적인 가치가 부여되지 않는다. 발언의 가치는 오로지 발언이 미치는 영향에 따라 결정된다. 특정한 발언이 본인이 목표에 다가가는 데 도움이 되었다면 그 발언은 가치가 있다. 반대로 도움이 되지 않았다면 가치가 없다. 따라서 가치 있는 발언은 자신의 이익을 증진시켜준다는 점에서 진실이다. 이익을 증진시키는 데 실패하는 발언은 가치가 없으므로 거짓이다.[21]

도대체 이 현상을 탈진실이라고 불러야 할지 아니면 다른 무언가라고 불러야 할지 궁금해진다. 과연 이 현상이 '경험적인 믿음을 형성하는 데에 객관적인 사실보다 감정이 더 중요하게 여겨지는 상황'에 불과할까? 아니면 그보다는 자기기만에 더 가깝다고 보아야 할까? 마커스는 이에 대해 '선진실

pre-truth'이라는 표현을 사용함으로써, 트럼프가 사실이 발생하기도 전에 자신이 그 사실을 볼 수 있다고 확신할 뿐만 아니라 자신의 믿음이 그 사실이 일어나도록 만들 수 있다고도 확신하는 상황을 담아내고 있다.[22] '선진실' 개념은 다른 사람들과 공유할 수 있는 증거가 아니라 미래(혹은 과거)를 직관할 수 있다거나 심지어 통제할 수 있다고까지 느끼는 감정에 기반을 두고 있다. 심리학자들은 이를 '마술적 사고magical thinking'라고 부른다.

이는 우리가 걱정해야 할 현상일까? 아니면 믿음, 사건, 정보가 자기 생각과 맞아떨어질 때마다 점수를 기록하면서 노는 한 사람만의 문제에 불과할까? 트럼프는 트위터에서 "부정적인 여론조사 결과는 모두 가짜 뉴스"라고 여러 차례 강조하던 인물이다. 그냥 그런 인물인 것으로 끝일 수 있다. 하지만 진심으로 걱정하는 사람들도 있다. 이 역시 사람들이 현실을 부정하도록 조종하거나 아예 현실 자체와 관계를 끊게 하려는 뿌리 깊은 노력의 일환일 수도 있기 때문이다.

나는 결코 미래를 내다볼 수 있다고 자부하지는 못한다. 하지만 분명한 것은 우리가 진실로부터 멀어질수록 우리는 현실에서도 멀어진다. 플로리다의 코럴케이블즈에서는 주민들이 믿든 말든 물이 계속 차오르는 것처럼, 오늘날 우리가 싸울 준비가 되었든 되지 않았든 탈진실이 초래하는 결과는 계속 쌓여 올라갈 것이다. 다른 사람들(혹은 우리 자신)에게 한 동안 헛소리를 하고도 아무 문제없이 살아갈 수 있을지도 모른다. 하지만 결국에는 자신만의 현실을 창조할 수 있다고 착각한 대가를 치르게 될 것이다.

1986년 1월 28일, 챌린저호가 발사한 지 불과 73초 만에 플로리다의 케이프커내버럴Cape Canaveral 상공에서 폭발해 승무원 전원이 사망했다. 우주선을 제작하는 데에 동원된 과학적 지식은 매우 엄밀했고 이번이 첫 임무도 아니었다. 참사 이후 레이건 대통령은 저명한 과학자들과 우주비행사들로 이루어진 특별위원회를 조직해 무엇이 잘못되었던 것인지 조사하도록 지시했다. 조사 결과 공학적으로는 문제가 없었다. 문제는 O 링o-ring이라는 고무 패킹에 있었다. 추운 날씨로 인해 고무 패킹의 탄력성이 급격히 떨어져 문제가 된 것이다. 챌린저호 발사 전부터 이 사실을 우려했던 나사의 과학자들은 발사 날짜를 미뤄달라고 요청했지만, 이미 수차례 연기되었던 발사 일정 탓에 더는 연기할 수 없었던 NASA의 행정가들이 발사를 강행했다.

조사위원회의 결과를 두고 NASA의 고위 행정가들은 크게 반발했다. 이전의 발사 예를 살펴볼 때 기온과 고무 패킹의 이상 관계가 명확히 입증되지 않는다는 게 가장 큰 이유였다. 더구나 이 패킹은 이전까지의 발사로 인해 어느 정도 부식

돼 있었지만, 30퍼센트 이상 부식되지 않았다는 점에서 앞으로도 여유가 있었다고 주장한 것이다. 이에 조사위원회에 속해 있던 노벨 물리학상 수상자인 리처드 파인만Richard Feynman은 고무 패킹 문제가 얼마나 심각한지 보여주기 위해 공청회 탁자 위에 놓인 얼음 통 속에 고무 패킹 하나를 집어던졌다.

사실은 결국 사실이다. 아무리 이야기를 꾸며내고 거짓말을 늘어놓고 허풍을 떨고 말장난을 친다고 해도 사실을 부정할 수는 없다. 우주선이 폭발한 뒤, 현실을 통제할 수 있다고 착각했던 NASA 행정 관료들의 직감이나 직관에는 아무도 신경 쓰지 않았다. 뒤이어 파인만은 이러한 선언을 했다. "기술이 성공하려면 현실이 홍보에 우선해야 한다. 자연은 속지 않기 때문이다."[23]

탈진실이든 선진실이든, 진실을 무시하는 태도는 정말로 위험하다. 바로 이것이 책에서 전하고자 하는 내용이기도 하다. 탈진실 현상은 우리가 '사실'과 '진실'을 형성하는 과정에서 우리의 '의견'과 '감정'이 영향을 미치도록 허락할 뿐만 아니라, 그로 인해 우리가 현실 자체로부터 멀어지는 위험을 감수하도록 만든다.

하지만 분명 다른 길도 존재한다. 우리가 우리 스스로를 방관하지만 않는다면, 우리는 선진실은 물론 탈진실도 극복할 수 있다. 탈진실 현상은 현실 자체에 일어나는 현상이 아

오늘날 세상에서 누군가가 우리의 눈을 속이려고 아무리 애쓴다고 하더라도 결국 세상에 어떻게 반응할지 결정하는 것은 우리의 몫이다. 진실은 지금까지 늘 소중했고 앞으로도 계속 소중할 것이다. 재때에 이 사실을 깨달을 것인가는 우리에게 달려 있다.

니다. 우리 인간이 현실에 반응하는 방식에 일어나는 현상이다. 우리가 우리의 인지 편향을 잘 이해하고 있다면 인지 편향을 밟고 올라가 더 유리한 위치에 설 수 있다. 우리가 더 나은 뉴스 미디어를 원한다면 제대로 된 뉴스 미디어를 지원하면 된다. 오늘날 세상에서 누군가가 우리의 눈을 속이려고 아무리 애쓴다고 하더라도 결국 세상에 어떻게 반응할지 결정하는 것은 우리의 몫이다. 진실은 지금까지 늘 소중했고 앞으로도 계속 소중할 것이다. 제때에 이 사실을 깨달을 것인가는 우리에게 달려 있다.

해제

탈진실의 사회정치학과
미디어

정준희
(중앙대학교 신문방송대학원 겸임교수)

탈진실과 가짜 뉴스, 생각보다 오래된 문제

1980년 광주 민주화 운동 당시에 북한군이 대거 투입됐다는 설이 있다. 우리도 익히 아는 헛소리다. 그러나 이 주장을 사실로서 믿는 사람들의 수가 그리 적지만은 않아 보인다. 왜일까? 그래야만 광주 '민주화 운동'이 아닌 '빨갱이들의 폭동'이 될 수 있기 때문이다. 5·18을 부정하고 싶어 하는 사람들은 북한군이 '거기에 있었어야만 한다'고 믿는다.[1] 그리고 그런 필요와 믿음은 '있었을 수밖에 없다'를 넘어 '실제로 있었다'로 이어진다. 군사안보 분야에서 박사 학위를 가지고 있다는 사람이 어설프게나마 증거와 논리를 가져다준다. 사실로 탈바꿈된 이 믿음은 텔레비전을 거쳐 대중적으로 확산되고 유튜브 채널을 통해 반복적으로 재확인된다. 이뿐만이 아니다. 유력 정당의 정치인이 이를 주요한 정치 담론으로 만들어준다. 1980년 광주에서 민간인에 대한 헬기 총격이 있었음을 제대로 밝혀내기 위해 만들어진 진상조사위원회에 북한군 투입설을 주장하는 그 당 추천 몫의 위원 물망에까지 오른다. 진상이 드러나는 것을 저지하는 행동이 진상조사의 한 축을 구성하게 된 아이러니. 2019년 한국 사회가 보여주는 탈진실 현상의 뚜렷한 징후이자 작동 메커니즘이다.

이 책의 저자는 2016년의 몇 가지 사건이라는 프리즘을 통해 탈진실 현상에 관련된 철학적, 인식론적, 사회정치학적 사유를 개시한다. 2016년 미국 대선 과정에서 도널드 트럼프와 여러 정치인이 (특히, 자신들에게 비판적인) 기성 언론을 가리켜 '가짜 뉴스를 만들어내는 거짓말쟁이'라고 폄하하는 것을 넘어 이른바 '대안 현실alternative reality'이라는 명목으로 적극적인 과장과 왜곡을 감행했다. 여러모로 트럼프는 '페이크 뉴스fake news'라는 용어가 미국 사회를 넘어 전 세계적인 시민권을 획득하게 만든 일등공신(?)인 셈이다. 아니나 다를까, 비슷한 시기의 우리나라에서도 페이크 뉴스를 그대로 한국어로 옮긴 '가짜 뉴스'라는 단어가 커다란 호응을 일으켰다.

가짜 뉴스라는 명칭은 미국과 한국을 막론하고 꽤 오래전부터 사용되고 있었다. 학술적 논의로 보자면, 가짜 뉴스는

2000년대 초반에 등장해 2010년을 전후로 널리 사용되기 시작하다가 2016년 미국 대선과 함께 크게 확산되었다. 현재에도 2016년 미 대선을 가짜 뉴스라는 틀로 분석하는 엄청난 수의 논문이 쏟아지고 있다.

한국 학계에 가짜 뉴스 개념이 등장한 것은 비교적 최근이다. 하지만 '온라인상의 거짓 정보 유통 문제', '뉴스의 사실 확인 필요성' 등에 대한 연구와 사회적 논의 자체는 인터넷의 상용화와 함께 이미 시작되어 있었다고 해도 좋다. 다만 가짜 뉴스라는 용어를 통해 문제로 삼았던 사회적 현상은 시기에 따라 조금씩 달라졌다. 예컨대 한국언론재단이 2005년에 개최했던 '온라인 뉴스 저작권 보증제도' 세미나에서 다뤄진 가짜 뉴스는 기성 언론이 생산한 뉴스 기사의 저작권을 무시하는 행위, 즉 기사를 무단 전재, 표절, 변형 등을 통해 '뉴스의 정보 가치 하락을 부채질하고 있는' 무언가였다. 시쳇말로, '명품' 뉴스를 무단 복제한 '짝퉁' 뉴스인 셈이다. 따라서 당시 가짜 뉴스에 대한 대책은 온라인 뉴스 저작권 보증 제도를 도입해 무단 복제된 뉴스의 유통을 제어하는 데 중점을 두었다.

그로부터 10여 년이 흐른 2017년 2월 (과거의 한국언론재단이 재편된) 한국언론진흥재단은 한국언론학회와 함께 "Fake News(가짜 뉴스) 개념과 대응 방안"이라는 제하의 세미나를 열었다. 이제 가짜 뉴스는 더 이상 불법 복제된 짝퉁 뉴스를 의미하는 것도, 광고성 기사를 의미하는 것도 아니었다. 2017년의 가짜 뉴스는 '거짓된 사실을 사적 이익을 위해 뉴스 기사의 형식을 통해 의도적으로 보도하는 행위'가 됐다. 따라서 좀 더 복잡하지만 세심하고 정교해진 정의가 등장했다. "허위 정보를 전달해 경제적·정치적 이득을 취하려는 전략적이고 기만적인 커뮤니케이션"으로 규정된 가짜 뉴스는 "언론 보도의 포괄적 실수를 의미하는 오보, 사실이 아님을 인식하지 못한 오인, 근거 없는 소문 등의 루머, 그리고 풍자 행위 등과는 구별된다."

당시 전문가들은 가짜 뉴스의 심각성과 대처 필요성에 대해 시각을 공유했다. 하지만 그에 대한 대응이 국가의 엄격한 규제 형식을 취해야 하는가에 대해서는 확신이 없었던 듯하다. 가짜 뉴스를 명확히 분별하는 것은 매우 어려운 일이며, 그에 대한 과도한 규제는 표현의 자유를 침해할 수 있다는 태도가 주를 이뤘다. 다만 명백히 나쁜 영향을 끼치는 악의적 가짜 뉴스에 대해서는 이미 존재하는 법을 통해서도 처벌이 가능하지 않겠느냐는 의견이었다.

지금 보면 다소 순진하게 여겨질 법하게도, "저널리즘 업계 전반이 서로 협력해서 팩트체킹을 해주면, 신뢰할 수 있는 언론이 무엇인지를 사람들이 알 수 있게 되지 않을까? 그 정도가 현재로선 최선인 듯하다."는 것이 중론이었다. 2016년 총선이 끝난 후 급작스럽게 당겨진 2017년 대선을 앞둔 논의 치고는 비교적 차분했던 셈이다. 그러나 침착함을 유지했던 목소리는 시간이 지날수록 좀 더 강경한 쪽으로 기울고 있다. 2018년 말에 더불어민주당 박광온 의원이 발의한 통칭 '가짜 뉴스 금지법안'의 경우 그보다는 좀 더 진지한 입법적 대응을 꾀한다. 그리고 2019년 봄 현재, 고성에서 산불이 발생한 날 문재인 대통령이 술자리를 벌였다는 명백한 허위 주장이 등장하자, 극우 계열 유튜브 채널로 분류되는 '진성호 방송'과 '신의 한수'에 대한 강력한 대응을 청와대가 천명하는 상황에까지 이르렀다.

이제 우리는 누구나 가짜 뉴스라는 단어를 사용한다. 그리고 그것이 우리의 정보 환경을 심각하게 위협하고 있다는 것에 대해서도 동의한다. 하지만 도대체 가짜 뉴스는 무엇일까? 사람들이 말하는 가짜 뉴스는 동일한 실체를 갖고 있을까? 왜 그것이 만들어지고 있을까? 문제가 있다면 어떻게 다루는 것이 타당할까? 가짜 뉴스의 심각성에 대한 사회적 공감대가 형성되어 있기는 하지만, 여전히 대다수의 사람들에게 가짜 뉴스는 '내게 불리한 뉴스'에 가까울 따름이고, 그에 대한 사회적 제재는 오로지 적에게 그 화살이 향할 때 정당화되기 일쑤다. 문제에 대한 대응보다 중요한 것은 올바른 인식이다. 눈에 보이는 파리 한두 마리를 잡는다고 해서 파리가 사라지지는 않는다. 파리가 꾀게 만드는 시궁창을 찾아야 한다. 드러난 현상의 배후에 무엇이 도사리고 있는지를 좀 더 깊게 파고드는 자세가 필요한 이유다. 가짜 뉴스의 기원과 배경을 둘러싼 논의, 요컨대 '탈진실'이라는 시대적 조건에 관련된 포괄적이고 깊이 있는 인식이 갖추어져야만 무엇이 문제이고 도대체 어떻게 해야 하는지에 대한 답을 찾을 수 있다는 의미다.

리 매킨타이어의 저작 《포스트트루스》는 가짜 뉴스를 바라보는 훌륭한 안경을 제공한다. 사태를 너무 단순화시키지 않으면서도 지나치게 현학적인 지식 자랑에 매몰되지도 않는다. 비교적 오래 전부터 시작된 학술적 탐구와 이제 막 불붙기 시작한 대중적 인식 사이에 놓인 간극을 메워줄 좋은 다리인 셈이다. 또 《포스트트루스》는 정치가와 학자를 포함한 이른바 '사회 엘리트층'에 강력한 자성의 메시지를 던진다. 탈진실은 단순히 소셜미디어 속의 우매한 대중에게 국한되지 않는다. 탈진실적 태도를 만들어낸 핵심 주체는 거짓으로부터 정치적 이득을 얻는 자들, 과학에 대한 부정으로부터 경제적 이익을 지키는 자들, 심지어 기존 지식의 권위를 허물고자 했던 회의주의적 학자들이다.

나의 이 글은 《포스트트루스》에 대한 한국 독자들의 이해를 돕기 위해 쓰였다. 이 책이 비교적 친절한 안내서이기는 하지만, 아무래도 대부분의 논의가 미국을 배경으로 진행되는 까닭에, 책 전반의 내용을 우리가 체감할 수 있는 탈진실의 문제와 견주어줄 필요가 느껴졌다. 따라서 가짜 뉴스를 포함한 제반의 허위 정보에 연관된 탈진실 이슈를 되도록 한국적 맥락에 연결 지어 살펴볼 것이다. 나아가 이 책이 다루지 않은 부분에 대한 나의 논의도 첨가했다. 과거로부터 지속되어온 거짓말과 헛소문, 의도적 오보, 조작적 저널리즘 행위를 넘어, 근래에 들어 부쩍 두드러지는 '허위 정보의 의도적 생산, 유통, 수용'의 메커니즘 속에서, 가짜 뉴스 문제의 변하지 않는 본질과 함께 지금 시대의 특수성에도 주목할 필요가 있기 때문이다. 탈진실 현상은 단순히 '지적 변화'의 산물이기보다 '사회 변화'의 산물이다. 즉, 과거와는 구별되는 현대적 징후로서 탈진실적 상황을 촉발해낸 건 '미디어 사회 체계'의 변동이며, 가짜 뉴스의 형태로 탈진실의 부정적 측면을 심화시키는 사회정치적 배경에는 이념과 이해관계로 잘게 쪼개지고 극단화된 우리 삶의 환경이 존재한다는 이야기이다.

이른바 탈진실 시대의 도래

2016년을 기점으로 가짜 뉴스 문제가 전지구적 이슈로 떠오르면서 뒤늦게 주목받게 된 저서가 하나 있었다. 랠프 키스Ralph Keyes가 2004년에 발간한《탈진실 시대: 현대 생활에서의 부정직과 기만The Post-Truth Era: Dishonesty and Deception in Contemporary Life》이 그것이다. 현재와 같이 소셜미디어가 크게 활성화되어 있지는 않았고, 가짜 뉴스에 연관된 사회적 이슈 또한 그것의 부정성과 긍정성에 대한 논의가 교차하는 수준에 머물러 있던 시점에 발표되었던 이 저서는《포스트트루스》의 저자인 리 매킨타이어가 2018년 미국의 시점에서 탈진실의 문제를 다각적으로 검토하기 이전에, 가장 먼저 진실을 부정하고 외면하는 사회적 세태를 짚어낸 선구적 사례다.

이 책《포스트트루스》와 마찬가지로 랠프 키스 역시 정직보다는 기만이 지배적 지위를 차지하게 된 이 시대를 강하게 비판하고 있다. 그가 이야기하는 탈진실은 근대적 합리성에 대한 포스트모던적 회의와 인식론적 상대주의를 '옹호'하기 위한 개념은 결코 아니다. 오히려 그는 포스트모던적 사조에 대한 비판적 시각을 견지한다. 과거에는 도덕적 지탄의 대상이었던 기만행위를 인지론적 · 사회적 '일탈'로서가 아니라 '정상적 요소'로서 자리 잡게 한 여러 촉진자 가운데 하나였기 때문이다.《포스트트루스》의 저자인 리 매킨타이어 역시, 진보의 도전적 기획이었던 포스트모더니즘이 정치적 보수에 의해 활용되면서, 과학에 대한 부정론적 태도를 조장했고, 신념이 진실보다 우위에 서 있음을 정당화해주는 철학적 토대가 된 상황을 아프게 지적한다. 랠프 키스의 견해에 따르면, 탈진실 시대는 윤리적 상대주의, 전후 세대의 나르시시즘, 공동체의 쇠락, 인터넷의 부상 등에 의해 가속화되었다. 그런 의미에서 변호사, 연예인, 정치인, 학자, 홍보전문가 등 이른바 사회적 상층부가 자신들의 이해를 위해 직업적 신의성실의 윤리 기준과 사회 전반적 정직성 관념을 느슨하게 하는 데 일조함으로써 탈진실적 정신 상태mentality를 강화한 주범들이기 때문이다.

그렇다고 해서 랠프 키스가 탈진실적 정신 상태가 곧 우리 시대의 '도덕적 타락'을 함의한다고 주장하는 것은 아니다. 요컨대 우리 이전 시대라고 해서 도덕적으로 더 우월했고 더 정직했던 것은 아니라는 말이다. 지금 시대가 과거와 달라진 점이 있다면 정직함이 최선이라고 표방하는 자가 현격히 줄어들었고, 거짓을 말하더라도 당당하며, 거짓이 드러나더라도 크게 비난받거나 처벌되지 않는다는 데 있다고 그는 이야기한다. 요컨대 '거짓'에 대한 우리의 태도가 점점 더 관대해지고 있다는 뜻이다.

지금 시대가 과거와 달라진 점이 있다면 정직함이 최선이라고 표방하는 자가 현격히 줄어들었고, 거짓을 말하더라도 당당하며, 거짓이 드러나더라도 크게 비난받거나 처벌되지 않는다는 데 있다고 그는 이야기한다. 요컨대 '거짓'에 대한 우리의 태도가 점점 더 관대해지고 있다는 뜻이다.

그 결과, 우리의 의식과 언어생활 속에 진실과 거짓의 경계는 사라지고 모호함만이 남는다. 거짓과 기만이라는 말을, 실언, 과장, 판단의 오류 등과 같은, 책임을 흐리기 위한 요상한 단어가 대체했다. 이를 통해 우리는 마음대로 진실을 주물러 이른바 '대안 현실'을 제시할 수 있다고 믿는다. 그런 과정에서 '기만'이라는 단어는 '언론 홍보 전략spin'이라는 말과 다를 바 없게 되었고, 진실과 거짓에 대한 모든 것들이 엄격하고 딱딱한 판단을 피해 느슨하고 모호한 완곡어법 속으로 흐트러졌다.

지속되는 것과 새로 부상하는 것, 익숙함과 낯섦

이 책 《포스트트루스》의 서두를 열며 매킨타이어가 언급하고 있다시피, '탈진실'이라는 신조어는 옥스퍼드 사전의 2016년 '올해의 단어'로 지목되었다. 랠프 키스가 말했던 2004년의 '탈진실'은 2016년 미국 대선과 영국 브렉시트 등의 굵직한 정치사건 덕분에 현시대를 규정하는 대표 개념의 지위로까지 급격히 부상하게 된 셈이다. 거창하게 인식론적 상대주의를 들먹일 것도 없이, 이 시대의 탈진실적 정신 상태는 진실과 거짓의 경계를 '흐릿하게 만드는' 데 있다. 그리고 모든 개인과 집단은 이 완곡어법을 구사하는 것이 여러모로 유리해졌다.

탈진실 개념 속에는 연속성과 단절성이 동시에 내장되어 있다. 탈진실적 정신 상태를 단순히 도덕적 선악의 문제로 치환하는 것은 위험하다. 다시 말하지만, 우리 앞에 살았던 이들이라고 해서 우리보다 더 선하고 정직했다는 보장은 없다. 비슷한 맥락에서, 가짜 뉴스를 소셜미디어 시대의 부정적 현상으로만 매도하는 것 역시 바람직하지 않다. 가짜 뉴스는 어떤 면에서는 애초부터 '뉴스의 본질'이기도 했다. 초기 뉴스에는 의견과 사실이 혼재되어 있었고, 루머와 뉴스 사이의 경계가 지금보다 더 불분명했다. 근대 과학과 뉴스가 '발명'되기 이전에는 '객관적 사실'이라는 개념조차 부재했다. 근대가 자신의 무게를 감당하지 못한 채 무너져버린 결과로서의 탈근대는 오히려 전근대와 더 닮아 있다. 근대적 합리주의를 비판하는 포스트모더니즘의 주장처럼, 진실에 이르는 찬란한 이성을 강조(혹은 그 역량을 과장)했던 근대는 오히려 인간 역사에서 특이한 국면에 해당하며, 지금의 탈근대는 근대 이전의 원래 모습으로 귀환한 것일 수도 있다.

결국 탈진실 시대에 대한 가슴 아픈 진단과 가짜 뉴스의 부정성에 대한 우려는, 과거에 상존했던 '진실'과 '진짜 뉴스'로부터의 이탈이기보다, 익숙한 것의 반복과 재생산에 대한 호들갑스러운 반응에 불과할 수도 있다. 우리가 새롭고 낯설다고 느끼는 무언가는 그저 우리 앞에 짧게만, 그것도 다분히 상상적으로 지속됐던 근대적 저널리즘의 한 국면으로부터의 일탈일 뿐, 인간의 역사 전체로 보면 오히려 정상적인 것의 연장 혹은 일상적 상태로의 필연적 귀환일지도 모른다. 소셜미디어를 통해 유포되는 아마추어적 가짜 뉴스에 비해 전통 매체의 뉴스가 반드시 더 진실에 가깝다고 자신할 수 있을까? 소셜미디어가 없던 시절에도 사람들은 유언비어와 음모론을 하나의 '대안 현실'로서 수용하거나 때론 적극적으로 생산하고 찾아 나서기까지 했다. 때문에 풍자와 패러디 등의 형태를 띤 가짜 뉴스를 전근대적 민담folklore의 현대화된 문예 장르로서 '디지털 민담' 개념 안에 집어넣고자 하는 러셀 프랭크Russell Frank와 같은 학자들도 있다.

실제로 가짜 뉴스에 대한 초기 연구의 일정 부분은 지금처럼 가짜 뉴스의 부정적 허구성에만 주목하지 않았다. 배임 Geoffrey Baym과 존스Jeffrey P. Jones의 경우엔 가짜 뉴스가 인간의 수사학적 세계관 속에 늘 자리 잡고 있는 담화의 한 형식이라고 보았으며, 권력에 대한 평민들의 저항이 창의적으로 표출되는 긍정적 기능을 강조하기도 했다.

하지만 어떻든 적어도 '진실'에 대한 우리의 지배적 정신 상태가 변화한 것은 사실이고, 그런 면에서 최소한 우리 앞 단계와는 구별되는 새롭고 낯선 무언가가 부상하고 있는 것 역시 부인할 수는 없다. 무엇보다 중요한 것은, 앞에서도 이야기했던 것처럼, 도저히 진실이라고 볼 수 없는 허위를 대하는 우리의 태도가 다분히 체념적이거나 상당 부분 관용적이 되었다는 점이다. 캐슬린 히긴스Kathleen Higgins가 지적하듯, 우리는 부정확하고 때로는 악의적인 주장allegations에 대해서 느슨한 태도를 갖게 되었으며 굳이 애써서 실제 진실을 찾아 나서려고 하지도 않는다. 이런 분위기에 편승해 정치인이나 유명인들이 '거짓말을 할 권리'를 적극적으로 행사하고 있음에도 그에 대해 공적 분노를 표출하거나 엄정하게 책임을 묻는 사람은 매우 적다. 자신과는 취향을 달리 하거나 기대를 배반한 유명인에 대해 혐오를 쏟아내면서 잠시 집중하다가 이내 관심을 흩뜨리고 말 뿐이다. 사람들은 그것이 진실이든 거짓이든, 자신이 듣고 싶은 것들만을 듣고, 보고 싶지 않은 것들은 무시한다.《포스트트루스》의 저자인 매킨타이어가 우리 속에 내재해 있는 근본적 편향, 즉 인지적 정보 처리 이론과 심리학에서 제시하는 진실 편향truth-bias과 확증 편향 등을 상당히 공들여 강조하는 이유가 여기에 있다.

미디어 사회 체계의 변동

이처럼 탈진실 현상은 인간이 본래 갖고 있는 편향에 의해 늘 존재할 수밖에 없었던 것이기도 하지만, 최근 들어 유독 더 뚜렷이 부상하여 점점 더 강화되고 있는 특수하고 새로운 현상이기도 하다. 바로 '지금, 여기'에서 과거와는 또 다른 종류의 탈진실 현상을 만들어내는 요인은 그럼 무얼까? 이 책의 4장과 5장에서도 '전통 미디어의 몰락과 소셜미디어의 부상'이라는 측면을 통해 강조하고 있지만, 미디어 체계의 기술적·조직적·산업적 변동이 그와 같은 새로움을 만들어내는 핵심 요인이라고 할 수 있다.《포스트트루스》에서는 미디어의 기술적 측면과 조직적·산업적 측면에 초점을 맞추고 있지만, 나는 광범위 사회 체계의 측면에서 조망하는 것이 옳다고 판단한다. 사회 조직화의 한 축이자 경제적 산업으로서의 미디어 사회 체계가 구성되는 구체적인 방식에 따라 '진실 우위적 사회'와 '진실 회피적 사회'가 갈라지게 된다고 보는 까닭이다.

그런 측면에서 사회 체계 이론가인 니클라스 루만Niklas Luhmann이 지목한 과학 체계와 대중매체 체계의 특성에 주목할 필요가 있다. 루만은 현대 사회가 정치, 법률, 경제, 과학, 종교, 의료, 교육, 대중매체 등과 같은 독자적 사회 체계의 조합으로 구성되어 있다고 말한다. 이들이 각각 독립적으로 작동하게 만드는 것은 각각이 사용하는 독특한 커뮤니케이션 코드다. 예컨대 정치는 '권력을 지닌 자'와 '권력을 지니지 못한 자'로 구별하는 방식으로 사회 속의 모든 문제를 정치의 관점에서 처리한다. 마찬가지로 경제는 사회 속의 모든 문제를 '소유'와 '비소유'의 문제로 바꿔낸다. 쉽게 말해 돈이 되는가 되지 않는가의 관점에서 세상을 바라본다는 뜻이다.

이런 여러 사회 체계들 가운데 우리가 사회적 사실로서 받아들여지는 '정보'를 제공하는 대표적인 체계가 바로 과학과 대중매체다. 과학은 본원적 의미에서의 진실, 즉 확증된 진리를 추구하고 그를 뒷받침하는 사실 증거를 누적해가는 사회 체계다. 그와는 달리 대중매체는 가볍고 가변적인 형태의 대중적 정보를 시시각각 새롭게 전달해주는 사회 체계로서 작동한다. 이를 통해 우리는 객관적 사실로 간주되는, 사회적 커뮤니케이션의 재료를 얻는다. 이들이 보유하는 권위가 흔들리는 경우도 없지 않지만, 확증된 진리 측면에서 과학의 권위와 대중적 정보 측면에서 대중매체의 중심성은 사라지지 않았다. 《포스트트루스》에서도 기후변화에 대한 '대안 현실'의 구성에서 기업들이 동원하는 유사 과학 전략의 중요성을 강조하고 있듯, 우리는 과학이 제시하는 진리를 반박하기 위해 같은 과학에 속한 다른 부문의 (대개 의도적으로 생산된 부분적) 진리를 동원한다. 대중매체의 경우도 마찬가지다. 대중매체가 제공하는 정보를 대체할 목적에서 다른 대중매체를 통해 대항 정보를 만들어내는 것은 그리 드물지 않다.

그 각각의 바깥에서는 (적어도 사회 전반의 커뮤니케이션 측면으로 보자면) 대안적 진리와 대안적 대중 정보가 권위를 획득하기는 어렵다.

그러나 최근 미디어의 환경 변화는 기성 대중매체 중심의 현대적 미디어 체계가 무언가 다른 방향으로 구조적 변동을 시작하고 있음을 짐작하게 한다. 사회적으로 유통되는 정보를 '뉴스'라는 형태로 제공하는 주체로서 대중매체의 권위는 흔히 뉴스 가치news value라고 지칭되는, 대중매체 체계 고유의 커뮤니케이션 코드를 통해, 가장 포괄적이고 신속하고 지속적으로 사회적 현실을 재생산하는 역량으로 뒷받침된다. 이 코드는 일군의 정치 커뮤니케이션 연구자들이 '미디어 논리 media logic'라고 부르는 대중매체 특유의 의미 생산 메커니즘이다. 기존의 미디어 논리는 대중매체, 그중에서도 특히 상대적으로 소수의 기성 뉴스 조직이 형성해낸 의미 조직화 논리로서, 정치가 이른바 '미디어 정치', 즉 '미디어가 주목하는 뉴스를 생산하기 위한 정치 행위'로 변질되는 데 크게 영향을 미쳤다. 하지만 이제는 정치뿐 아니라 사회의 거의 모든 영역이 '미디어 논리'에 의해 잠식되고 있다. 전사회적으로 관찰되는 미디어화mediatization 혹은 매개화mediation 현상이 그것이다. 미디어 속의 연예인과 다를 바 없는 자질을 가진 인물들이 탁월한 정치인, 의사, 학자로서 각광받는 현상 같은 것이 대표적이다.

　게다가 사회의 각 부문에 미디어 논리를 전파하고 있는 미디어 체계 자체가 다양해지고 있다. 앤드루 채드윅Andrew Chad-wick이 이야기하는 '혼성 미디어 체계hybrid media system' 개념이 그와 같은 현실의 변화를 포착한다. 그에 따르면, 지금까지의 미디어 구분법, 즉 주류/대안, 전문/비전문, 오프라인/온라인, 엘리트/대중 미디어의 경계는 점차 의의를 상실하고 있다. 그 결과 엘리트 중심의 기성 뉴스 매체 및 상대적으로 소수의 기업적 대중매체를 중심으로 구성되었던 과거의 (비교적 전일적인 형태의) 미디어 논리, 예컨대 사실을 중시하는 객관주의 저널리즘 원칙은, 엄청나게 다양한 기술과 주체에 의해 점유된 혼성 미디어 체계 속의 (다양하고 때로 상충하기도 하는) 미디어 논리'들', 예컨대 해석을 중시하는 저널리즘이나 스토리텔링에 초점을 두는 저널리즘 등과의 경쟁적 공존 상황으로 옮겨가고 있다. 이런 관점에서 보면 지금의 가짜 뉴스도 새로운 미디어 논리에 기초를 둔 새로운 저널리즘 형식이라고 볼 수 있다. 어떤 면에서 보면, 루머, 근거가 불충분한 주장, 의도적으로 조작된 이야기, 철저히 정파적인 견해 등으로 점철되어 있던 초기 근대적 저널리즘 형식으로 회귀한 결과일 수도 있다. 하지만 그보다는 사실 기반의 객관주의 저널리즘이라는 기성 주류적 미디어 논리에 대항하는 새로운 종류의 기술적·산업적·문화적 미디어 논리가 부상한 결과라고 보는 편이 더 타당하다. 이 책에서 매킨타이어가 제시하고 있는 여러 사례 역시, 탈진실 현상을 가속화하는 가짜 뉴스가 기존의 단일한 미디어 논리를 대체하는 다중적 미디어 논리'들'에 의해 뒷받침되고 있음을 보여준다.

이와 같은 혼성적 미디어 체계의 등장과 그것을 뒷받침하는 다수의 상호 경쟁하는 미디어 논리의 형성은, 허위 정보의 의도적 생산, 유통, 수용 측면에서 기존 어느 시대와도 구별되는 새로운 종류의 탈진실을 촉진하는 물적 토대다. 그 이유는 다음과 같다.

첫째, 대중적 정보 유통 측면에서, 혼성 미디어 체계는 온라인 미디어 부문, 특히 대중매체와 전문적 뉴스 조직을 위협할 만큼 개인적 표출구의 사회적 확장성을 가능하게 한 소셜 미디어를 통해 본격화되었다. 이들은 가짜 뉴스의 파급력과 사회적 효과가 기존의 루머나 단순 오보 수준을 단박에 뛰어넘을 수 있게 한다.

둘째, 대중적 정보 수용 측면에서, 혼성 미디어 체계는 곧 정보 창구의 다변화를 의미하며, 수용자만 원한다면 언제든 특정 정보 출처를 회피하고 다른 정보 출처를 선택할 수 있게 할 여지를 제공한다. 이는 단지 대중매체 '채널'이 다변화된 것 이상의 의미를 지니는데, 과거의 채널 확대는 단순히 기존

미디어 논리의 연장을 의미했다면, 지금의 혼성 체계는 미디어 논리 자체의 상호 경쟁적이고 때로는 갈등적이기까지 한 다양화, 그로 인한 정보 권력축의 이동, 이용자의 획기적 권력 증대empowerment를 수반하기 때문이다. 또 이런 측면은 이후에 언급할 사회정치적 극화(즉, 계급, 계층, 이념, 이해관계 등의 측면에서 확연히 갈리는 대립적 집단의 형성) 양상과 맞물리면서 이른바 정보 수용에서의 '필터 버블filter bubble(특정 공동체 속에 안주하면서 특정 정보만 선별해서 수용하는 현상)' 및 '동종적 상호 강화homophily(특정 취향을 공유한 결과, 그에 대한 편향성이 집단적으로 강화되는 현상)'를 낳는다.

셋째, 대중적 정보 생산 측면에서 혼성 미디어 체계는 뉴스 생산 과정 자체를 혼성화한다. 생산자의 수와 종류가 획기적으로 늘어나고 서로 차별화될 뿐 아니라, 뉴스 생산 과정이 독자적인 기준에 의존하기보다는 유통 및 이용 양상에 민감해지도록 이끈다. 나아가 뉴스의 생산, 유통, 이용 사이의 장벽이 허물어지고 느슨해지면서, 뉴스 순환 고리가 가속화된다. 그 결과 특정 집단이 '듣고 싶고 보고 싶은' 허위 정보나 가공된 정보, 다시 말해 시쳇말로 허위라는 '양념'이 쳐지고 과장이라는 'MSG'가 들어간 조작적 정보가 각종 변형을 거치면서 매우 빠른 시간에 전파되며, 상호참조를 거쳐 사실로서 확정되는 현상이 발생한다. 예를 들어 국내 언론이 생산한

'의견'을 해외 언론이 '사실'로서 인용하고, 이를 다시 국내 언론이 '권위를 지닌 사실'로서 재인용하면 카카오톡과 같은 메신저나 페이스북, 유튜브 등을 통해 링크와 클립의 형태로 확산된다. 즉, 출처는 불분명해진 채 사실로서 받아들여지는 허위 정보가 넓고 신속하게 퍼져가는 현상이 발생하는 것이다.

극화되고 분절화된 사회정치적 환경

마르크스의 이론적 도식을 빌려오자면, 혼성 미디어 체계가 가짜 뉴스를 위시한 허위적 커뮤니케이션의 물질적 토대라 할 때, 탈진실의 정신 상태는 그것을 정당화하는 이데올로기적 상부 구조다. 그리고 이들 사이를 연결시키는 접착제로서 분절되고 극화極化된 사회정치적 환경이 있다. 다시 말해, 탈진실적 정신 상태와 그에 연관된 각종 행위는 점점 더 혼성화되어가고 있는 미디어 체계가 보다 극단적으로 쪼개져서 서로 갈등하고 대립하는 사회정치적 집단화 현상이 결합되어 나타나는 새로운 단계의 사회적 현상인 셈이다.

최근의 사회정치적 환경은 민족국가로의 통합, 민족국가 간 결합 등과 같은 근대적 경향성에 역행하는 모습을 보이고 있다. 이는 흔히 정체성의 정치학identity politics으로 불리는데, 성별, 인종, 취향 등 종류도 다양하고 수준도 각기 다른 '나 혹은 우리만의 정체성'을 찾아 분열되고 재조직화되는 양상을 가리킨다. 예컨대 대규모 사회정치적 통합 프로젝트였던 유럽연합은 브렉시트라는 상징적인 계기를 통해 원심력을 가속화하고 있고, 이 원심력은 민족국가 단위로의 회귀를 넘어 인종이나 계층 등에 기초를 둔 배타적 사회 조직화라는 더 세분화된 양상으로 나아간다. 다민족 연방 국가로서의 미국 역시 크게 다르지 않다. 연방 자체가 붕괴하고 있는 양상은 아니라고 하더라도, 따지고 보면 백인과 유색인, 도시와 농촌, 동부와 서부, 소프트 산업과 하드 산업 등으로 나뉜 다층적 적대의 가능성을 짙게 깔고 있다.

이처럼 극화된 사회정치적 환경은, 독일의 사회철학자 페터 슬로터다이크Peter Sloterdijk가 제시하는 독특한 개념인 구체(球體: Sphären), 즉 개인이 정서적 안온함을 느끼며 정체성을 추구할 수 있도록 해주는 특정한 종류의 삶의 공간의 중요성과 그에 대한 집착을 강화시킨다. 최근 자주 언급되는 필터 버블은 이처럼 극화되고 분절된 다양한 구체 속으로의 인간 조직화 양식에 잘 어울리는 개념이다. 루만의 체계이론적 관점에서 이 구체 개념을 재해석한다면, 각각의 구체는 자기준거적이고self-referential, 자기조직적이며self-organizing, 자기생산적autopoietic이다. 조금 단순화해서 말하자면, 모든 구체는 자신에게 적합하고 유용한 정보만을 취사하여 생산 및 재생산

함으로써 스스로를 유지한다는 의미다. 필터 버블이라는 비유는 각자가 선택한 구체가 '정보적으로 자기구성된다'는 측면과도 잘 맞아떨어진다.

그런데 여기서 정보information는 사실fact 혹은 진실true과 동의어가 아니다. 개별 체계 혹은 구체가 외부 환경으로부터 선별하는, 좀 더 정확히 말하자면 자신이 대면하는 복잡한 외부 현실을 필터로 걸러내 단순화한 결과로서의 정보는, 그레고리 베이트슨Gregory Bateson이 간명하게 정돈했듯, '차이difference를 만들어내는 차이'라는 관점에서 파악될 필요가 있다. 이는 인지이론과 정보과학에서 다루는 정보 개념과도 밀접한 연관성이 있는데, 여기서 정보는 '전과 다름'으로서의 새로움novelty과 직결된다. 뉴스가 뉴스news!여야만 하는 이유다.

또 정보는 관찰자와는 무관하게 객관적으로 존재하는 대상 그 자체가 아니라 관찰자 의존적인observer-dependent 의미, 즉 관찰자에게 '차이로서 인지되는 의미체'라고 할 수 있다. 따라서 정보는, 그것의 진리 여부와는 일단 무관하게, 그것을 필요로 하는 자에게 유의미한가 아닌가라는 고유의 정보성informativeness에 의해 가치가 생겨난다. 이런 측면에서 가짜 뉴스는 참과 거짓의 관점에서는 '허위' 정보라 해도 관찰자에게는 '의미 있는meaningful' 정보일 수 있다. 때문에 가짜 뉴스의 초점은 '가짜'보다 '뉴스'에 맞춰질 필요가 있으며, 그것을 뉴스로 만드는 가치가 무엇인지에 주목해야 한다. 다시 말해, 모든 뉴스는 그 새로움news = newness에 의해 차이로서 인식된 정보이며, 일차적으로 그것을 필요로 하는 자들에게 정보성을 띠고 있기 때문에 하나의 정보로서 받아들여진다는 점이 중요하다. 그것이 진실이냐, 사실이냐, 얼마나 정확하냐, 만약 정확하지 않다면 얼마나 의도적이고 악의적으로 조성된 것이냐 등등은 냉정히 말해서 2차적인 문제다.

그런 이유로, 가짜 뉴스는 정교한 외과적 시술을 통해 '병든 부위만 적출해낼 수 있는' 대상이 아닐 가능성이 높다. '완전히 악의적인 허위'와 '완벽한 선의의 진실' 사이에 놓인 느슨하고 넓은 스펙트럼 위에서 계속 위치를 옮겨다니는 무언가로서 탈진실 시대의 사회정치적 · 문화적 커뮤니케이션 양식을 대표하기 때문이다. 게다가 최근에는 가짜 뉴스가 종종 패러디와 풍자의 형태를 취하면서 사회정치적 참여와 표출의 중요한 형식으로 자리 잡고 있는 상황이다. 이들로부터 명백한 의도성과 악의성을 분별하여 제거할 방법이 있는가? 또 이들이 추구하는 사회적 · 정치적 · 문화적 이득으로부터 경제적 이득 편취라는 행위를 정확히 분리해낼 수 있는가? 이른바 팩트체킹 역시 한계가 있기는 마찬가지이다. 사실 여부에 대한 교차 검증을 통해 그것의 부정확성을 입증하고, 도덕의식의 제고를 통해 그것의 악의성을 고발하는 것은 필요하고 또 중요한 일이지만, 그를 통해 가짜 뉴스의 '정보성'까지 제거할 수는 없기 때문이다. 특정 정보를 필요로 하는 필터 버블 속의 개인은 여전히 고유의 방식으로 정보성을 판별하면서 꽤 오랜 기간 동안 필터 버블 속에 머무르게 될 것이다. 또 전통 매체의 윤리를 강화하고 그런 미디어 논리를 중심으로 여타 매체를 견인함으로써 균형 잡힌 양질의 정확한 뉴스를 공급한다면 가짜 뉴스가 자연스레 사라지거나 그로 인해 발생하는 문제가 약화될 것이라는 기대 역시 다소간 낭만주의적인 소망에 그칠 가능성이 높다.

국내 가짜 뉴스에 대한 대응

위에서 언급했듯 가짜 뉴스, 혹은 '뉴스의 형태를 띤 허위 정보의 유통' 문제는 비교적 오래전부터 인지되어왔다. 이른바 팩트체킹이라고 불리는 사실 확인과 점검의 필요성은 온라인 미디어의 급증과 함께 점점 더 중요한 이슈로 대두되기도 했다. 그러나 실제로 이와 같은 사실 점검에 적극적으로 나서는 언론사는 거의 없었다. 평상시에 '팩트'를 입에 달고 살 만큼 스스로의 저널리즘 윤리와 직업 관행에 자부심을 느끼고 있어서 일지도 모르지만, 짐작컨대 너무 바쁘고 정신이 없는데 동원하고 투입할 자원은 부족해서이거나, 제대로 점검되지 않은 사실을 방치하는 것이 어떤 식으로든 각자에게 유리해서였을 터이다. 팩트체킹 행위에 관련해, 전통적 주류 저널리즘 기업과 신생 온라인 뉴스 기업 혹은 개인 사이에서 일정한 온도차가 느껴졌던 것도 사실이다. 한쪽이 스스로를 '겨 묻은 개'라고 여기기나 할지는 모르겠지만, 적어도 다른 한쪽을 시쳇말로 '똥 묻은 개'라고 여기는 분위기가 있었고, 사실 확인의 '기초적 행위'는 '우리'의 몫이 아니라 '그들'의 책임이라고 보았던 탓이다.

정부나 규제 당국의 경우 역시 인터넷과 미디어로 유통되는 여러 가지 허위 정보에 대해 상당 부분 아리송한 태도를 보였다. 이명박 정부는 '미네르바 사건'과 〈PD수첩〉의 광우병 보도에 대해서는 조직적이고 신속하게 법적 절차를 밟았으면서도 '일베' 등의 극우적 정치 커뮤니티를 통해 독버섯처럼 번지던 거짓 정보와 혐오 메시지에 대해서는 관용적인 태도를 견지했다. 게다가 종편과 보도 채널을 보수적 언론 기업에 안겨주고 정확성과 공정성의 의무를 의도적으로 위배하는 이들의 정치 선정주의에 대한 규제 역시 미온적인 태도로 일관했음은 주지의 사실이다. 또 박근혜 정부가 세월호 보도에 대해 KBS 간부에게 읍소형 협박을 가했던 것이나 당시 대통령에 대한 풍자적 묘사에 대응하여 보여준 발 빠르고도 단호한 태도와는 달리, 카카오톡과 같은 소셜미디어 플랫폼 혹은 포털 사이트의 댓글 등을 통해 번져나가는 허위 정보에 대해서는 이상하리만치 침묵했다.

그런데 이름을 불러주자 어느 날 갑자기 꽃이 된 것처럼, 가짜 뉴스에 대한 깊은 우려와 함께 시급한 대응 필요성을 주장하는 목소리가 2017년을 전후로 부쩍 높아지기 시작했다. 마침 영미권에서 가짜 뉴스로 인한 기성 저널리즘의 위기와 민주주의의 오작동을 지목하는 논의가 불붙은 덕이기는 하다. 미국과 영국의 (극)우파와 이념적 기초를 상당 부분 공유하고 있는 한국의 (극)우파가 미국의 도널드 트럼프 대통령 당선과 영국의 브렉시트 국민투표 결과에 대해 그렇게도 비판적인 관심을 보였던 것은, 이념적 동질성보다 국익을 중시하는 진정한 보수파의 자세로 돌아온 것이지도 모르지만, 아무튼 자못 기이하고도 흥미로운 일이다.[2]

한국 정부로부터 구체적인 대응 의지가 나왔던 것은 당시 황교안 대통령 권한대행 체제하에서 헌법재판소에 의한 대통령 탄핵 결정 가능성이 대두되고 그에 이은 조기 대선이 점쳐지던 2017년 2월 28일 시점이었다. 아마도, 2016년 총선 이후, 그리고 2017년 대선을 앞두게 되자, 당시 정부와 규제 당국 역시 가짜 뉴스에 대한 강력한 대응 의지를 천명하지 않을 수는 없었을 게다. 당시 정부는 "미래부와 경찰청 등 관계기관에서 가짜 뉴스에 대한 모니터링과 단속을 강화해주기를 바란다."면서 "관계부처가 가짜 뉴스의 명확한 기준과 처벌에 대한 법령을 조속히 정비해 달라."고 주문했다. 바로 그 전날 박근혜 정부에 대한 특검 수사 기간 연장을 불허했던 당시 황교안 대통령 권한대행의 발언이었다. 그러자, 그전까지만 해도 무능력과 비효율, 자의적 정책 집행으로 비난을 받던 국가기구의 대응은 사뭇 신속해졌다. 비록 황교안 권한대행의 발언보다 앞서 진행된 일이기는 하지만 경찰청은 가짜 뉴스에 대한 수사와 강력한 단속 의지를 밝히면서 가짜 뉴스 전담반을 설치했다. 중앙선거관리위원회 역시 19대 대선을 앞두고 가짜 뉴스에 대한 단속, 예방 업무를 강화할 것이라는 방침을 밝혔다. 조기 대선이라는 정치적으로 민감하고 급박한 국면이 조성되었다는 특수성을 무시할 수 없었을 것이고, 한국 관료기구의 권력 종속적 단기 처방 관습이 작동되고 있었을 터이나, 그동안의 무대응과 무관심에 비추어 보면 다소간 생뚱맞다는 느낌을 주었던 것도 사실이다.

가짜 뉴스의 심각성에 대처해야 한다는 목소리는, 그에 대한 대응의 측면에서, 크게 두 가지 방향으로 흘렀다.

먼저 강경한 법적 처리 입장의 경우, 무기력과 활력이 묘하게 뒤섞여 있는 모습으로 나타났다. 2017년 2월 초에 경찰청 사이버수사과에 설치된 '가짜 뉴스 전담반'이 대표적이다. 하지만 당시 황교안 대통령 권한대행이 가짜 뉴스 엄단 방침을 정부 차원에서 공식화했던 2월 28일 시점에서 실제 수사에 착수한 사건은 총 4건에 불과했다. 게다가 여기서 '엄단'되어야 할 가짜 뉴스로 포착된 사례는 '용감한 시민상'에 대한 허위 정보를 기사 형식으로 온라인에 올린 10대 청소년에 대한 명예훼손 기소의견 송치 계획처럼 상대적으로 소소한(?) 것이었다. 최순실 국정 농단 게이트를 부정하기 위해 조직적으로 유포되었던 허위 정보나 당시 문재인 후보에 대한 중상모략처럼 비교적 명백해 보이는 가짜 뉴스는 오히려 제재 대상이 되지 못했다. 현행법상 가짜 뉴스는 반의사불벌죄에 해당해 당사자의 고소, 고발이 없을 경우 형사처벌이 어렵고, 탄핵 반대 집회에서 배포된 신문 형식의 가짜 뉴스 역시 인쇄물이 언론사로 등록되어 있기 때문에 언론중재위원회의 조정 절차를 먼저 거쳐야한다는 이유에서였다.[3]

다음으로, 국가에 의한 개입과 법적 처벌 등의 강경책보다는 업계와 소비자 등의 이해당사자들 사이에서 자율규제가 행해질 수 있도록 해야 한다는 입장이 나왔다. 이들은 좀 더 장기적인 시야에 바탕을 두어 다양하고 점진적인 해결책을 도모하고 있으나 그 실효성은 뚜렷하지 않다. 예컨대 심각한 형태의 허위 정보는 일단 현행 법체계로도 강제적 규제가 충분히 가능하기 때문에 가짜 뉴스에 대응하는 법령과 규제를 추가 신설할 필요는 없다는 목소리가 그것이다. 굳이 필요하다면 실정법상의 형량과 벌금을 강화하는 것 정도를 검토해 볼 수 있다는 의견 정도이다. 가짜 뉴스를 판별할 수 있도록 해줄 홍보 활동과 교육을 지원할 목적에서 '가짜 뉴스 교육지원법'을 만들고 디지털 미디어 리터러시와 디지털 시민의식을 제고하는 사업에 매진하는 것이 바람직하다는 의견도 이에 속한다. 온라인 미디어 이용과 뉴스 선별 수용 교육 수행 및 이를 위한 공공 지원이 필요하다는 것이다.

이와 같은 가짜 뉴스에 대한 법적 처벌 중심의 강경책과 교육 중심의 온건책 사이에서 제3의 길을 모색하는 방향도 물론 고민됐다. 저널리즘 생산자와 유포자 단계에서 가짜 뉴스에 대한 게이트키핑 효과를 높이는 방안이 그것이다.

우선 현재의 가짜 뉴스는 기존 언론이라고 해서 그 책임으로부터 자유로울 수 없다는 지적이 있다. '특정 사실만 짜깁기해 프레임을 왜곡하는 기존 언론'의 문제를 지적하며, 그에 대한 신뢰와 정보공개의 투명성 회복이 선행되어야 한다는 주장이다. 이는 '기존 언론이 가짜 뉴스의 매개체가 되고 있는' 중요한 현실을 지목하는 효과가 있다. 협력적 대응을 통해서든 저널리즘 윤리의 강화를 통해서든 결국 기성의 전문적 저널리즘 생산자들이 먼저 문제를 풀어야 하는 것은 분명해 보인다. 또 이와 연계해 가짜 뉴스가 확산되는 결정적 매개체인 온라인 플랫폼에 대한 자율적·타율적 규제 강화와 시스템적 대응에 대한 주문도 있다.[4] 예컨대 페이스북이 가짜 뉴스 문제를 개선하기 위해 저널리즘 프로젝트 로드맵을 제시한 것처럼 뉴스 공급자 스스로의 자율 규제가 필요하다는 것이다. 이에 대해 당시 김수연 중앙선거관리위원회 사이버선거대응센터장은 "홈페이지 제작자, 포털 등과 모니터링 단위의 업무 협조를 통한 자율적 규제 방안을 마련할 필요가 있다."고 언급했다. 비슷한 궤적에서 포털 및 언론사와 협력해 디지털 뉴스에 대한 팩트체크 시스템을 구축하는 〈SNU 팩트체크〉 같은 사례도 등장했다.[5]

탈진실 현상에 대한 냉정과 열정 사이

지금까지 살펴봤던 것처럼, 그리고 《포스트트루스》에서도 강조하고 있는 바처럼, 현재의 탈진실 현상, 그리고 그것의 가장 대중적인 촉진자로서의 가짜 뉴스는 익숙하고도 새로우며, 그 문제에 대한 해법은 자명하되 단순하지 않다.

탈진실은 새롭지 않다. 참과 거짓을 일일이 구별할 수 없는 우리의 인지론적 한계, 유인만 주어지면 언제든 거짓을 선택할 수 있는 인간 고유의 인지 편향 안에서 늘 발생해온 현상이기 때문에 탈진실 속에는 익숙함이 내포돼 있다. 그런 탓에 가짜 뉴스는 누군가에게 정보성과 기타의 전략적 유용성을 지니는 한, 형태를 바꾸어가며 지속될 것이다. '정보성을 지닌 허위'가 우리의 커뮤니케이션 지평 위로 좀 더 강하게 부상하도록 방치하거나 다소간 눈에 덜 띄게 하는 정도는 몰라도, 우리의 인식 지평에서 허위 정보 자체를 말끔하게 도려내는 것은 불가능하고도 무망한 일이다.

그렇지만 탈진실은 또 새롭다. 과거와는 다른 종류의 혼성 미디어 체계와 맞물려 허위 정보의 생산, 유통, 이용이 뒤섞여 있을 뿐 아니라, 과거와는 비교할 수 없이 빠르고 광범위하게 확산된다. 더욱이 극화되고 분절된 사회정치적 환경이 그와 같은 허위 정보의 생산과 이용을 촉진하고 있으며, 허위 정보의 생산과 이용의 결과로 다시 사회정치적 환경의 극화된 분절성이 강화되고 있다. 탈진실의 정신 상태는 이와 같은 새로운 종류의 과정을 촉진하고 정당화하면서, 기만에 대한 느슨한 태도를 조장하고 허위에 대한 (자기)관용과 (자기)도취증이 팽배하게 한다.

이와 같은 탈진실의 정신 상태를 제어하고 그 방향성을 재조정하기 위해서는, 다른 무엇보다도, 진실에 좀 더 가까이 있거나 진실에 체계적으로 의존하는 부문, 즉 과학(혹은 학문), 교육, 언론, 정치, 경제 등과 같은 사회제도의 주체들이 스스로를 성찰하고 더 엄격하게 행동하는 것이 필요하다. 예컨대 아마추어적인 가짜 뉴스 생성·유포·이용자의 의식 개선을 도모하기 이전에, 탈진실 시대로부터 이득을 편취하려는 엘리트 집단에게 단호한 태도를 보여야 한다. 또 그런 의미에서 단순한 도덕주의가 아닌 개별 사회 체계 차원의 윤리를 제고하고 재구성하는 것은 중요한 일이다. 과학은 이해관계로부터 독립된 진리를 추구해야 하고, 확장된 미디어 체계는 윤리적 과학 공동체가 제공하는 사실과 진리의 집합으로부터 '사회적으로 충분한 상관성을 지닌socially relevant 정보를 책임 있는 분별력에 토대를 두어 공급해야 하며, 다시 그로부터 정치는 거짓으로 이득을 본 자들을 퇴출하고 시민에 대한 응답 책무accountability를 게을리 하지 않아야 한다. 소비자이자, 시민이자, 수용자이자, 공중으로서의 우리는, 대개의 경우 '진실성' 자체를 스스로 판별하기는 어렵겠지만, 적어도 이들이 스스로 정한 윤리를 위배하고 탈진실의 촉진자로서 행동한 것이 드러났을 때 그에 대해 엄정한 도덕적 비난을 조직하고 마땅히 책임을 물어야 한다.

가짜 뉴스에 대응하기 위한 공공 정책 역시 필요하다. 대신 그와 같은 정책은 가짜 뉴스의 분별과 척결보다는 가짜 뉴스의 어느 측면이 이들에게 정보성을 지니는가를 알아내는 데에서 시작하는 것이 바람직하다. 이를 위해서는, 과거의 뉴스 생산자 중심적이고 전문적 저널리즘 행위 중심적인 관점을 탈피해야 한다. 그리고 혼성 미디어 체계의 정보

생산·유통·이용 과정이 어떻게 허위를 사실로 탈바꿈시키고 있는가를 입체적으로 관찰해낼 필요가 있다. 이 과정에서 광범위한 협력적 사실 검증 네트워크의 구성, 이를 뒷받침하는 온라인 플랫폼 단위의 트래킹-차단 알고리즘의 구축, 전문적 저널리즘의 신뢰성을 제고하기 위한 지원을 공공 정책의 '일부'로서 고려할 수 있다. 한편으로는 가짜 뉴스를 논박하는 공간을, 그리고 다른 한편으로는 양질의 정확한 정보를 제공하는 공간을 구축하면서, 디지털 공간에서 허위 정보가 쉽사리 유통될 수 없도록 하는 기술적 해결책을 지속적으로 모색해야 한다.

이와 같은 해법은 현재의 극화된 사회정치적 환경과 혼성 미디어 체계 속에서 가짜 뉴스가 정보성을 획득하게 되는 '근원적 메커니즘'에 대한 면밀한 관찰과 증거 수집에 기초를 두었을 때에만 성공할 수 있다. 결국 팩트체크 자체도 하나의 메타 정보로서 정보성을 인정받을 필요가 있으며, 가짜 뉴스보다는 사실 기반의 검증된 뉴스가 더 정보성을 지니는 것으로서 설득되지 않으면 실효성을 지닐 수 없다. 또 자신들의 팩트체크 행위와 사실에 기반을 둔 검증된 뉴스가 이용자들의 선택을 받을 수 있다는 확신이 생겨야 미디어 체계 내부의 다양한 행위자들이 더 '전파-이용'에 유리한 형태로 사실 기반의 뉴스를 생산하는 고리가 완성될 수 있다. 정치인들 역시 사실 기반의 뉴스 '생산-전파-이용'이 자신들의 정치적 정당성의 재생산에 궁극적으로 유리하다는 판단이 들때 좀 더 사실에 근거를 둔 정치적 메시지를 생산하고 진실에 부합하는 사회적 행위를 촉진하는 정치적 결정(입법과 행정)을 강화할 수 있다.

마지막으로, 가짜 뉴스의 생성, 유포, 이용에 우호적인 사회적 조직화 양식, 즉 극화되고 분절된 사회정치적 환경 자체의 개선이 없이는 탈진실의 정신 상태를 근본적으로 뒤바꿀 수는 없다. 때문에 포털과 소셜미디어를 통한 정보 유통이라는, 가짜 뉴스 현상에 직접 연계된 기술적 요인을 제어하는 것도 중요하지만, 극화되고 분절된 사회정치적 환경에 연계된 요인, 예컨대 분배의 정의 실현, 대의정치의 간극을 보완하는 실효적 참여 정치 구현 여부 등을 외면할 수 없다. 가짜 뉴스 단속을 위한 단기적이고 대증적인 정책보다 사회적 포괄성social inclusion을 높이는 장기적이고 구조적인 정책에 치중하는 것이 가짜 뉴스 현상의 개선을 위해서도 (심지어 중단기적으로도) 더 실효성이 있다. 다소 냉소적으로 말하자면 가짜 뉴스 통제를 위해 공적 자원(대증적 입법과 행정 전담 부서의 강화, 관련 위원회 설치, 가짜 뉴스 분별 교육 지원 등)을 동원하는 것도 필요하지만, 사회적 포괄성을 높이는 정책에 더 큰 자원을 배분하는 것이 더 중요하고 근본적인 처방이 될 수 있다는 의미다.

　여기서 언론의 역할이 소환되지 않을 수 없다. 의도적으로 거짓과 요설을 양산해 진실을 물타기하는 행동조차 유력 정치인과 정당의 것이기에 사회적 발언으로 수용하는 한, 탈진실은 추방되지 않는다. 판단은 그들이 아닌 당신들의 몫이며 그 무게를 감당하지 않는 자에게는 지옥의 자리가 남겨져 있다.

참고 문헌

- Altheide, D. L., & Snow, R. P. (1979). *Media logic*. Beverly Hills, Calif.: Sage Publications.

- Bateson, G. (1972). *Steps to an ecology of mind; collected essays in anthropology, psychiatry, evolution, and epistemology*, Chicago: University of Chicago Press.

- Chadwick, A. (2013). *The hybrid media system: politics and power*. Oxford University Press.

- Baym, G., & Jones, P. J. (2012). "News Parody in Global Perspective: Politics, Power, and Resistance." *Popular communication*, 10(1-2), 2-13.

- Couldry, N. (2008). Mediatization or mediation? Alternative understanding of the emergent space of digital storytelling. *New Media & Society*, 10(3), 373-391.

- Giglietto, F. et al. (2016). "Fakes, News and the Election: A New Taxonomy for the Study of Misleading Information within the Hybrid Media System." *Convegno*

- Higgins, K. (2016). "Post-truth: a guide for the perplexed." *Nature*, 530, 9.

- Keyes, R. (2004). *The Post-Truth Era: Dishonesty and Deception in Contemporary Life.* St. Martin's Press.

- Luhmann, N. (2000). *The Reality of the Mass Media.* Stanford University Press.

- Mazzoleni, G., & Shultz, W. (1999). "'Mediatization' of Politics: A Challenge for Democracy?" *Political Communication*, 16(3)., 247-261.

- "가짜 뉴스 단속 나선 선관위, 지난해 총선 1만 7천건 글 삭제됐다."《미디어오늘》, 2017. 2. 16.자 http://www.mediatoday.co.kr/?mod=news&act=articleView&idxno=13515 7#csidx2a21f2d43b9aecc856b185699eb7c9f

- "가짜 뉴스 규제 위해 새로 법 만들지 말자."《비즈니스워치》 2017. 2. 22자. http://www.bizwatch.co.kr/pages/view.php?uid=29271

- "[뉴스 뜯어보기] 영장 심사 앞두고 쏟아진 '박근혜 눈물.탈진' 기사들, 그 배경은?"《서울신문》, 2017. 3. 29자.

- "가짜 뉴스 경찰 단속 나섰지만 형사 처벌 어려워 수사에 난항."《파이낸셜뉴스》, 2017. 2. 28자. http://www.fnnews.com/news/201702281713229702

후주

제1장 탈진실이란 무엇인가?

1. Ashley Parker, "Donald Trump, Slipping in Polls, Warns of 'Stolen Election,'" *New York Times*, Oct. 13, 2016, https://www.nytimes.com/2016/10/14/us/politics/trump-election-rigging.html. 2016년 6월 브렉시트 투표와 7월 트럼프의 공화당 후보 지명을 계기로 사용량이 급증한 데 대해 대선 결과가 발표되기도 전에 포스트트루스(탈진실)가 올해의 단어로 선정됐다는 점에 주목하라. Amy B. Want, "'Post-Truth' named 2016 Word of the Year by Oxford Dictionaries," *Washington Post*, Nov. 16, 2016, https://www.washingtonpost.com/news/the-fix/wp/2016/11/16/post-truth-named-2016-word-of-the-year-by-oxford-dictionaries/?utm_term=.ff63c5e994c2.

2. Michael D. Shear and Emmarie Huetteman, "Trump Repeats Lie about Popular Vote in Meeting with Lawmakers," *New York Times*, Jan. 23, 2017, https://www.nytimes.com/2017/01/23/us/politics/donald-trump-congress-democrats.html; Andy Greenberg, "A Timeline of Trump's Strange, Contradictory Statements on Russian Hacking," Wired, Jan. 4, 2017, https://www.wired.com/2017/01/timeline-trumps-strange-contradictory-statements-russian-hacking/.

3. Scottie Nell Hughes on The Diane Rehm Show, National Public Radio, Nov. 30, 2016, http://talkingpointsmemo.com/livewire/scottie-nell-hughes-there-are-no-more-facts.

4. William Cummings, "Trump Falsely Claims Biggest Electoral Win since Reagan," *USA Today*, Feb. 16, 2017을 보라. https://www.usatoday.com/story/news/politics/onpolitics/2017/02/16/trump-falsely-claims-biggest-electoral-win-since-reagan/98002648/; Elle Hunt, "Trump's Inauguration Crowd: Sean Spicer's Claims versus the Evidence," *Guardian*, Jan. 22, 2017, https://www.theguardian.com/us-news/2017/jan/22/trump-inauguration-crowd-sean-spicers-claims-versus-the-evidence; S. V. Date, "Of Course the CIA Gave Trump Standing Ovations: He Never Let Them Sit,"

Huffington Post, Jan. 23, 2017, http://www.huffingtonpost.com/entry/
trump-cia-ovations_us_58866825e4b0e3a7356b183f; Jeremy Diamond,
"Trump Falsely Claims US Murder Rate Is 'Highest' in 47 Years," CNN.com,
http://www.cnn.com/2017/02/07/politics/donald-trump-murder-rate-
fact-check/index.html.

5. http://transcripts.cnn.com/TRANSCRIPTS/1607/22/nday.06.html.

6. 2016년 옥스퍼드 영어사전이 올해의 단어로 탈진실을 선정한 데 대해 스티븐 콜
베어는 이렇게 말했다. "나는 이 단어가 선정된 것이 탐탁지 않았다. 이유는 두 가
지였다. 첫째, 무엇보다도 '탈진실'이란 단어는 한 단어가 아니라 두 단어를 담고
있기 때문이다(하이픈은 한 단어로 보기에는 부족하다). 둘째, '탈진실'이란 단어
는 내가 이미 2006년에 만든 '진실스러움'이란 단어를 그저 베껴 쓴 것이나 다름
없기 때문이다." http://www.complex.com/pop-culture/2016/11/stephen-
colbert-oxford-dictionary-post-truth-truthiness-rip-off.

7. Jon Henley, "Why Vote Leave's £350m Weekly EU Cost Claim Is Wrong,"
Guardian, June 10, 2016, https://www.theguardian.com/politics/reality-
check/2016/may/23/does-the-eu-really-cost-the-uk-350m-a-week.

8. Eric Bradner, "Conway: Trump White House Offered 'Alternative Facts' on
Crowd Size," CNN.com, Jan. 23, 2017, http://www.cnn.com/2017/01/22/
politics/kellyanne-conway-alternative-facts/index.html.

9. Aristotle, *Metaphysics*, 1011b25.

10. 인식론(인지 이론에 대한 연구)이라는 매력적인 주제에 대해 더 관심을 가지고
살펴보길 원한다면 Harry Frankfurt, *On Truth* (New York: Knopf, 2006)를,
'진실'에 대한 다양한 이론에 대해 좀 더 자세히 살펴보고자 한다면 Frederick
F. Schmitt, ed., *Theories of Truth* (New York: Wiley-Blackwell, 2003)를 참
고하라.

11. Shear and Huetteman, "Trump Repeats Lie," https://www.nytimes.com/
2017/01/23/us/politics/donald-trump-congress-democrats.html. 이 사건에
근거하고 있는 이틀 뒤의 이야기를 실은 이 기사를 보라. Dan Barry, "In a Swirl
of 'Untruths' and "Falsehoods,' Calling a Lie a Lie," *New York Times*, Jan.
25, 2017, https://www.nytimes.com/2017/01/25/business/media/donald-
trump-lie-media.html. 그러나《뉴욕타임스》가 트럼프 대통령이 거짓말을 했다

고 보도한 것은 이번이 처음이 아니었다. "'New York Times' Editor: 'We Owed It to Our Readers' to Call Trump Claims Lies," NPR.org를 보라, http://www.npr.org/2016/09/22/494919548/new-york-times-editor-we-owed-it-to-our-readers-to-call-trump-claims-lies.

12. Sarah Boseley, "Mbeki AIDS Denial 'Caused 300,000 Deaths,'" *Guardian*, Nov. 26, 2008, https://www.theguardian.com/world/2008/nov/26/aids-south-africa.

13. Louise Jacobson, "Yes Donald Trump Did Call Climate Change a Chinese Hoax," Politifact, June 3, 2016, http://www.politifact.com/truth-o-meter/statements/2016/jun/03/hillary-clinton/yes-donald-trump-did-call-climate-change-chinese-h/.

14. 이런 주장으로 가장 저명한 인사는 테드 크루즈(Ted Cruz)다. 그는 다음과 같은 주장을 펼쳤다. "자신이 인용하는 연구 자료는 줄곧 틀리지 않았지만, 그에 반해 미국 해양대기청(NOAA)의 자료는 오히려 기후변화에 대한 주장이 틀렸음을 입증한다는 것이다." Chris Mooney, "Ted Cruz's Favorite Argument about Climate Change Just Got Weaker," *Washington Post*, March 7, 2016을 보라. https://www.washingtonpost.com/news/energy-environment/wp/2016/03/07/ted-cruzs-favorite-argument-about-climate-change-just-got-weaker/?utm_term=.fb8b15b68e30.

15. 이에 대한 하나의 좋은 예가 있다. 션 스파이서 공보담당 국무위원이 2017년 3월 실업률을 4.7%로 발표하자 기자들이 "트럼프가 과거 오바마 정부 시절 이런 통계를 '가짜'라고 일축했다."며 이에 대해 어떻게 생각하는지 묻자 스파이서는 "트럼프 대통령이 만일 내가 이런 질문을 받으면 '과거에는 거짓이었을지 몰라도 지금은 진짜'라고 말하라고 지시했다."라며 웃었다. Lauren Thomas, "White House's Spicer: Trump Says Jobs Report 'May Have Been Phony in the Past, But It's Very Real Now," CNBC.com, March 10, 2017, http://www.cnbc.com/2017/03/10/white-houses-spicer-trump-says-jobs-report-may-have-been-phony-in-the-past-but-its-very-real-now.html.

16. Lee McIntyre, *Respecting Truth: Willful Ignorance in the Internet Age* (New York: Routledge, 2015).

제2장 탈진실을 이해하려면 과학부인주의를 보라

1. 톰 니콜스는 최근에 출간된 자신의 책《전문가와 강적들》에서 "이러한 현상은 비
   전문가들이 전문가들에게 도전하려는 의지가 점점 더 강해질 때 생기는 현상 가
   운데 하나"라고 설명한다. 그는 최근 한 라디오 인터뷰에서도, 사람들이 일상적
   으로 소통할 때의 모습을 예로 들어 그 현상을 설명한 바 있다. 사람들은 그가 러
   시아에 대해 권위 있는 전문가라는 것을 알게 되었을 때 여러 가지 방식으로 접
   근해온다는 것이다. "당신은 러시아에 대해 많은 것을 알고 있나요? 자 내가 당
   신에게 러시아에 대해 설명해드릴게요." "한 국가 안보 보좌관이《전문가와 강
   적들》이라는 책을 출간했어요.") WBUR.org, http://www.wbur.org/hereand-
   now/2017/03/13/expertise-death-tom-nichols.

2. McIntyre, *Respecting Truth*, 8 - 9.

3. 그러나 과학적으로 확증된 사실이라 하더라도 '모 아니면 도' 식으로 양자택일할
   수는 없다는 것을 알아야 한다. 분명한 증거가 뒷받침된 확증도 있지만, 개연성에
   만 근거를 둔 확증도 있기 때문이다. 이러한 방법으로는 '베이즈 추론(Bayesian
   inference)'을 포함해 여러 방법들이 있다. 이런 점을 감안할 때, 과학에서는 반드
   시 철저하게 반박할 만한 이론이 아니더라도, 사실일 가능성이 매우 낮기 때문에
   다른 대안 이론들을 배제할 수 있는 것이다.

4. 여기서 핵심은 어떤 과학 이론들은 증거가 뒷받침되기 때문에 다른 이론들보다
   더 믿을 만하게 보인다는 것이다. 그러나 믿는 것을 정당화하기 위해 어떠한 실증
   적 이론을 증명해야만 한다면, 그것은 논리적으로 불합리한 기준이 되고 만다.

5. James Hansen, *Storms of My Grandchildren* (New York: Bloomsbury,
   2011); James Hoggan, *Climate Cover-Up: The Crusade to Deny Global
   Warming* (Vancouver: Greystone, 2009); Chris Mooney, *The Republican
   War on Science* (New York: Basic Books, 2005).

6. Ari Rabin-Havt, *Lies, Incorporated: The World of Post-Truth Politics* (New
   York: Anchor Books, 2016).

7. Naomi Oreskes and Erik Conway, *Merchants of Doubt: How a Handful of
   Scientists Obscured the Truth on Issues from Tobacco Smoke to Global
   Warming* (New York: Bloomsbury, 2010).

8. Oreskes and Conway, *Merchants of Doubt*, 14 - 16; Rabin-Havt, *Lies, Incor-
   porated*, 23 - 25.

9. 상관관계가 인과관계와 같지 않다는 것은 통계 추론의 기초다. 상관관계가 아무리 높아도 반드시 어떤 하나가 다른 하나의 원인이 되어야만 한다는 것은 아니다. '증거'라는 주제로 다시 되돌아가보자. 둘 사이의 관련성이 클 경우 인과관계일 가능성이 높지만, 우리가 경험적인 문제를 다룰 때는 언제나 의심의 여지는 생기기 마련이다. 이런 점들을 이해하는 데 도움을 줄 만한 좋은 자료가 있다. Ronald Giere, *Understanding Scientific Reasoning* (New York: Harcourt, 1991).

10. Rabin-Havt, *Lies, Incorporated*, 26 – 27; 그리고 Oreskes and Conway, *Merchants of Doubt*, 16을 보라.

11. Oreskes and Conway, *Merchants of Doubt*, 15, 33.

12. Ibid., 168.

13. Ibid., 34.

14. Ibid., 35.

15. Rabin-Havt, *Lies, Incorporated*, 7.

16. Oreskes and Conway, *Merchants of Doubt*, 234.

17. 2012년 하트랜드의 기금 모금을 위한 사업 계획이 언론에 유출된 적이 있었다. 이때 관련된 몇몇 문서들의 진위 논란이 있었다. Richard Littlemore, "Heartland Insider Exposes Institute's Budget and Strategy," *Desmog*, Feb. 14, 2012을 보라. https://www.desmogblog.com/heartland-insider-exposes-institute-s-budget-and-strategy; https://s3.amazonaws.com/s3.documentcloud.org/documents/292934/1-15-2012-2012-fundraising-plan.pdf; Suzanne Goldenberg, "Leak Exposes How Heartland Institute Works to Undermine Climate Science," *Guardian*, Feb. 14, 2012, https://www.theguardian.com/environment/2012/feb/15/leak-exposes-heartland-institute-climate.

18. Juliet Eilperin, "Climate Skeptics Target State Energy Laws, Including Maine's," *Bangor Daily News*, Nov. 25, 2012, http://bangordailynews.com/2012/11/25/politics/climate-skeptics-target-state-energy-laws-including-maines/.

19. 그렇지만 최근 언론에서는 엑슨모빌이 "기후변화를 부정하는 기관을 지원하는 일을 중단했다."는 그들의 주장을 실제로 이행했는지에 대해 의문을 제기하기도 한다. Alexander Kaufman, "Exxon Continued Paying Millions to Climate-Change Deniers under RexTillerson," *Huffington Post*, Jan. 9, 2017, http://

www.huffingtonpost.com/entry/tillerson-exxon-climate-donations_us_5873a3f4e4b043ad97e48f52.

20. Steve Coll, *Private Empire: ExxonMobil and American Power* (New York: Penguin, 2012); "ExxonMobil: A 'Private Empire' on the World Stage," NPR. org, May 2, 2012, http://www.npr.org/2012/05/02/151842205/exxonmobil-a-private-empire-on-the-world-stage.

21. https://www.heartland.org/Center-Climate-Environment/index.html.

22. Justin Gillis and Leslie Kaufman, "Leak Offers Glimpse of Campaign against Climate Science," *New York Times*, Feb. 15, 2012, http://www.nytimes.com/2012/02/16/science/earth/in-heartland-institute-leak-a-plan-to-discredit-climate-teaching.html.

23. Rabin-Havt, *Lies, Incorporated*, 42.

24. Ibid., 38.

25. Mooney, *The Republican War on Science*, 81.

26. https://www.desmogblog.com/2012/11/15/why-climate-deniers-have-no-credibility-science-one-pie-chart.

27. Rabin-Havt, *Lies, Incorporated*, 40. 그렇다면 반대하는 3퍼센트의 논문은 어떤 것들이었을까? 이후 조사에 따르면 기후변화 연구 결과에 반대되는 모든 내용은 사실상 방법론적인 오류에서 비롯된 것이었다. Dana Nuccitelli, "Here's What Happens When You Try to Replicate Climate Contrarian Studies," *Guardian*, Aug. 25, 2015, https://www.theguardian.com/environment/climate-consensus-97-per-cent/2015/aug/25/heres-what-happens-when-you-try-to-replicate-climate-contrarian-papers.

28. http://www.pewinternet.org/2016/10/04/the-politics-of-climate/.

29. Rabin-Havt, *Lies, Incorporated*, 34.

30. John H. Cushman Jr., "Industrial Group Plans to Battle Climate Treaty," *New York Times*, April 26, 1998, http://www.nytimes.com/1998/04/26/us/industrial-group-plans-to-battle-climate-treaty.html.

31. 현재 이 인용문은 더 이상 원본 자료로 존재하지 않는다(http://www.euronet.nl/users/e_wesker/ew@shell/API-prop.html). 그러나 몇몇 다른 출판물에 이 글이 인용되어 있다. 예를 들면: James Hoggan and Richard Littlemore, *Cli-*

mate Cover-Up: The Crusade to Deny Global Warming (Vancouver: Grey-
stone, 2009), 43.

32. 이런 일이 이미 일어나고 있고 아마도 담배 전략이 살인 범죄율에 사용되고 있
을 것이라는 증거도 있다. 대부분의 전문가들이 살인 범죄율이 역사적으로 낮
다는 것에 동의함에도 불구하고 대중은 살인 범죄율이 높다고 믿는다. Tristan
Bridges, "There's an Intriguing Sociological Reason So Many Americans
Are Ignoring Facts Lately," *Business Insider*, Feb. 27, 2017, http://www.
businessinsider.com/sociology-alternative-facts-2017-2.

제3장 탈진실의 뿌리에는 인지 편향이 있다

1. 이성적인 믿음을 수용할 수 있는 방법들이 많다는 견해에 대해 보다 자세히 살펴
보고자 한다면 이 책 W. V. O. Quine and J. S. Ullian, *The Web of Belief* (New
York: McGraw Hill, 1978)을 보라.

2. Solomon Asch, "Opinions and Social Pressure," *Scientific American*, Nov.
1955, 3, http://kosmicki.com/102/Asch1955.pdf.

3. 아직 이 현상에 대해 잘 알지 못하는 사람들을 위해 간단히 풀이하자면, 확증 편
향이란, 우리 자신이 이미 믿고 있는 바를 확인시켜줄 만한 정보를 스스로 찾아내
고자 하는 현상이다.

4. P. C. Wason, "On the Failure to Eliminate Hypotheses in a Conceptual
Task," *Quarterly Journal of Experimental Psychology* 12 (1960): 129–140,
http://web.mit.edu/curhan/www/docs/Articles/biases/12_Quarterly_J_Ex-
perimental_Psychology_129_(Wason).pdf.

5. 카너먼이 출간한 훌륭한 책으로 *Thinking Fast and Slow* (New York: Farrar,
Straus & Giroux, 2011)가 있다. 이 책은 그의 인생 역작으로 이 주제에 관해 확
실히 읽을거리를 제공한다.

6. https://en.wikipedia.org/wiki/List_of_cognitive_biases를 보라.

7. Juliet Macur, "Why Do Fans Excuse the Patriots' Cheating Past?" *New York
Times*, Feb. 5, 2017; David DeSteno and Piercarlo Valdesolo, "Manipulations
of Emotional Context Shape Moral Judgment," *Psychological Science* 17,
no. 6 (2006): 476–477.

8. Drew Westen et al., "Neural Bases of Motivated Reasoning: An fMRI Study

of Emotional Constraints on Partisan Political Judgment in the 2004 U.S. Presidential Election," *Journal of Cognitive Neuroscience* 18, no. 11 (November 2006): 1947 – 1958.

9. Brendan Nyhan and Jason Reifler, "When Corrections Fail: The Persistence of Political Misperceptions," *Political Behavior* 32, no. 2 (June 2010): 303 – 330, https://www.dartmouth.edu/~nyhan/nyhan-reifler.pdf.

10. Ibid.

11. Tristan Bridges, "There's an Intriguing Reason so Many Americans Are Ignoring Facts Lately," *Business Insider* (Feb. 27, 2017), http://www.business insider.com/sociology-alternative-facts-2017-2.

12. David Redlawsk et al. "The Affective Tipping Point: Do Motivated Reasoners Ever 'Get It'?" http://rci.rutgers.edu/~redlawsk/papers/A%20Tipping %20Point%20Final%20Version.pdf. 한편 최근 신경과학 분야의 연구에 따르면 우리가 알고 있는 정보에 모순되는 정보를 처리할 때에 우리는 뇌의 다른 부분을 사용한다고 한다. Jonas Kaplan, Sarah Gimbel, and Sam Harris, "Neural Correlates of Maintaining One's Political Beliefs in the Face of Counter-evidence," *Scientific Reports* 6, http://www.nature.com/articles/srep39589.

13. Justin Kruger and David Dunning, "Unskilled and Unaware of It: How Difficulties in Recognizing One's Own Incompetence Lead to Inflated Self-Assessments," *Journal of Personality and Social Psychology* 77, no. 6 (1999): 1121, http://psych.colorado.edu/~vanboven/teaching/p7536_heurbias/p7536 _readings/kruger_dunning.pdf.

14. Ibid., 1125.

15. Natalie Wolchover, "Incompetent People Too Ignorant to Know It," *Live Science*, Feb. 27, 2012, http://www.livescience.com/18678-incompetent-people-ignorant.html.

16. Ted Barrett, "Inhofe Brings Snowball on Senate Floor as Evidence Globe Is Not Warming," CNN.com, Feb. 27, 2015, http://www.cnn.com/2015/02/26/ politics/james-inhofe-snowball-climate-change/index.html; https:// www.facebook.com/cnn/videos/10154213275786509. 이미 몇몇 사람들은 도널드 트럼프를 더닝-크루거 대통령이라고 부르기 시작했다. Jessica Pressler,

"Donald Trump, the Dunning – Kruger President," NYmag.com, Jan. 9, 2017, http://nymag.com/scienceofus/2017/01/why-donald-trump-will-be-the-dunning-kruger-president.html.

17. 현재 이 주제에 대한 흥미롭고 학술적인 쟁점이 떠오르고 있다. Hugo Mercier and Daniel Sperber, "Why Do Humans Reason? Arguments for an Argumentative Theory," *Behavioral and Brain Sciences* 34, no. 2 (2011): 57 – 111. 나는 이에 대한 논의를 내 책《리스펙팅 트루스*Respecting Truth*》의 2장에서 다루었다.

18. Daniel Fessler et al., "Political Orientation Predicts Credulity Regarding Putative Hazards," http://www.danielmtfessler.com/wp-content/uploads/2013/12/Fessler-et-al-in-press-Political-Orientation-Credulity.pdf.

19. Olga Khazan, "Why Fake News Targeted Trump Supporters," *Atlantic*, Feb. 2, 2017, https://www.theatlantic.com/science/archive/2017/02/why-fake-news-targeted-trump-supporters/515433.

20. Ryota Kanai et al., "Political Orientations Are Correlated with Brain Structure in Young Adults," *Current Biology* 21, no. 8 (April 26, 2011): 677 – 680, https://www.ncbi.nlm.nih.gov/pmc/articles/PMC3092984/.

21. Melissa Healy, "Why Conservatives Are More Likely Than Liberals to Believe False Information about Threats," *Los Angeles Times*, Feb. 2, 2017. http://www.latimes.com/science/sciencenow/la-sci-sn-conservative-believe-false-threats-20170202-story.html.

22. Ibid.

23. Cass Sunstein, *Infotopia: How Many Minds Produce Knowledge* (Oxford: Oxford University Press, 2006).

24. 이 효과는 '구성원 중 가장 현명한 사람' 때문에 해결되는 것으로 간주해서는 안된다. 다시 말해, 집단 안에서 문제가 해결될 때, 한 특정 구성원이 해결책을 찾은 것으로 여기는 현상을 주의해야 한다는 말이다. 또한 그것을 단순히 '대중의 지혜'로도 말할 수 없다. 집단 내 다수의 수동적 의견에 의존해 얻어내는 효과도 아니라는 말이다. 이 효과는 집단 내 구성원들이 서로 '상호작용할 때' 드러나는 것이다.

25. Khazan, "Why Fake News Targeted Trump Supporters," https://www.theat-

lantic.com/science/archive/2017/02/why-fake-news-targeted-trump-supporters/515433/; Christopher Ingraham, "Why Conservatives Might Be More Likely to Fall for Fake News," *Washington Post*, Dec. 7, 2016, https://www.washingtonpost.com/news/wonk/wp/2016/12/07/why-conservatives-might-be-more-likely-to-fall-for-fake-news/?utm_term=.eab87fe90c63.

제4장 전통적인 미디어가 쇠퇴하다

1. "Sixty Years of Daily Newspapers Circulation Trends," May 6, 2011, http://media-cmi.com/downloads/Sixty_Years_Daily_Newspaper_Circulation_Trends_050611.pdf.

2. 또는 여성 앵커가 진행하기도 했다. 바버라 월터스(Barbara Walters)는 1976년 ABC 뉴스의 공동 앵커로 활동했다.

3. David Halberstam, *The Powers That Be* (Urbana: University of Illinois Press, 2000), xi.

4. Ted Koppel, "Olbermann, O'Reilly and the Death of Real News," *Washington Post*, Nov. 14, 2010,
   http://www.washingtonpost.com/wp-dyn/content/article/2010/11/12/AR2010111202857.html.

5. Ibid., 2. 그리고 Marc Gunther, "The Transformation of Network News," *Nieman Reports*, June 15, 1999을 보라. http://niemanreports.org/articles/the-transformation-of-network-news/: ABC 방송국 사장이었던 룬 알리지(Roone Arledge)의 말에 따르면 "뉴스가 수익을 창출해내지 못할 어떤 이유도 찾지 못했다."고 한다. 또한 1986년 제너럴일렉트릭이 NBC 방송국을 사들인 이후 방송국 최고 경영자를 맡았던 밥 브라이트(Bob Wright)는 다음과 같이 회고했다. "내가 이 방송국 CEO에 처음 부임했을 때 우리는 뉴스에서 많은 적자를 보고 있었으며 그런 상황은 수긍할 만한 상황이었다.

6. Tom Nichols, *The Death of Expertise: The Campaign against Established Knowledge and Why It Matters* (Oxford: Oxford University Press, 2017), 149-150.

7. Sandra Salmans, "Television's 'Bad Boy' Makes Good," *New York Times*,

Aug. 14, 1983, http://www.nytimes.com/1983/08/14/business/television-s-bad-boy-makes-good.html?pagewanted=all.

8. http://www.pophistorydig.com/topics/ted-turner-cnn-1980s-1990s/.

9. Nichols, *The Death of Expertise*, 146.

10. Ibid.

11. Ibid., 153.

12. Jack Mirkinson, "Fox News Execs Squashed Talk of Gun Control after Newtown Massacre: Report," *Huffington Post*, Dec. 17, 2012, http://www.huffingtonpost.com/2012/12/17/fox-news-gun-control-sandy-hook-newtown_n_2318431.html.

13. Cenk Uygur, "Will John Moody Be Forced Out of Fox Like Dan Rather from CBS?" *Huffington Post*, Nov. 15, 2006, http://www.huffingtonpost.com/cenk-uygur/will-john-moody-be-forced_b_34162.html.

14. Shauna Theel, Max Greenberg, and Denise Robbins, "Study: Media Sowed Doubt in Coverage of UN Climate Report," *Media Matters*, Oct. 10, 2013, https://mediamatters.org/research/2013/10/10/study-media-sowed-doubt-in-coverage-of-un-clima/196387.

15. http://www.stateofthemedia.org/2005/cable-tv-intro/content-analysis/.

16. http://publicmind.fdu.edu/2011/knowless/.

17. Koppel, "Olbermann, O'Reilly and the Death of Real News."

18. Daniel Politi, "Watch Ted Koppel Tell Sean Hannity He's Bad for America, *Slate*, March 26, 2017, http://www.slate.com/blogs/the_slatest/2017/03/26/watch_ted_koppel_tell_sean_hannity_he_s_bad_for_america.html.

19. 가장 낮은 순위는 MSNBC 방송국으로 10퍼센트를 차지했다. Nichols, *The Death of Expertise*, 155 - 156을 참고하라.

20. http://transcripts.cnn.com/TRANSCRIPTS/0410/15/cf.01.html.

21. Stephen Marche, "The Left Has a Post-Truth Problem Too: It's Called Comedy," *Los Angeles Times*, Jan. 6, 2017, http://www.latimes.com/opinion/op-ed/la-oe-marche-left-fake-news-problem-comedy-20170106-story.html.

22. Ibid.

23. Ibid.

24. "The White House and the Green House," *New York Times*, May 9, 1989, http://www.nytimes.com/1989/05/09/opinion/the-white-house-and-the-greenhouse.html.

25. James Hansen, "The Threat to the Planet," *New York Review of Books*, July 13, 2006, http://www.nybooks.com/articles/2006/07/13/the-threat-to-the-planet/.

26. Brent Cunningham, "Rethinking Objectivity," *Columbia Journalism Review*, July-August 2003, http://archives.cjr.org/feature/rethinking_objectivity.php.

27. Donald Trump with Tony Schwartz, *The Art of the Deal* (New York: Random House, 1992).

28. Steven Salzberg, "Anti-Vaccine Movement Causes Worst Measles Epidemic in 20 Years," Forbes.com, Feb. 1, 2015, https://www.forbes.com/sites/stevensalzberg/2015/02/01/anti-vaccine-movement-causes-worst-measles-epidemic-in-20-years/#27ce10b6069d.

29. Maxwell Boykoff and Jules Boykoff, "Balance as Bias: Global Warming and the US Prestige Press," *Global Environmental Change* 14 (2004): 125-136, http://sciencepolicy.colorado.edu/admin/publication_files/2004.33.pdf.

30. Ibid., 127.

31. Ibid.

32. Ibid., 129.

33. Ibid., 129.

34. Ibid.

35. 여기서 언급할 만한 몇몇 좋은 소식이 있다. 트럼프가 이슈로 떠오르면서,《뉴욕타임스》,《LA타임스》,《워싱턴포스트》등의 구독자 수가 모두 늘었다. 2016년 《워싱턴포스트》의 보도에 따르면, 60개의 보도국 일자리가 늘어난 적도 있었다고 한다. Laurel Wamsley, "Big Newspapers Are Booming: 'Washington Post' to Add 60 Newsroom Jobs," NPR.org, http://www.npr.org/sections/thetwo-way/2016/12/27/507140760/big-newspapers-are-booming-washington-post-to-add-sixty-newsroom-jobs.

36. Julie Hirschfeld Davis and Matthew Rosenberg, "With False Claims, Trump Attacks Media on Turnout and Intelligence Rift," *New York Times*, Jan. 21, 2017, https://www.nytimes.com/2017/01/21/us/politics/trump-white-house-briefing-inauguration-crowd-size.html.

37. http://www.gallup.com/poll/195542/americans-trust-mass-media-sinks-new-low.aspx.

38. "Professor Makes List of Fake, Misleading News Sites You May Want to Avoid," CBS Boston, Nov. 16, 2016, http://boston.cbslocal.com/2016/11/16/fake-news-sites-websites-list-professor-merrimack-college-zimdars/.

제5장 소셜미디어의 출현과 가짜 뉴스의 범람

1. Katharine Seelye, "Newspaper Circulation Falls Sharply," *New York Times*, Oct. 31, 2006, http://www.nytimes.com/2006/10/31/business/media/31paper.html.

2. Richard Perez-Pena, "Newspaper Circulation Continues to Decline Rapidly," *New York Times*, Oct. 27, 2008, http://www.nytimes.com/2008/10/28/business/media/28circ.html.

3. Pew Research Center, "State of the News Media 2016: Newspapers Fact Sheet," June 15, 2016, http://www.journalism.org/2016/06/15/newspapers-fact-sheet/.

4. Lucinda Fleeson, "Bureau of Missing Bureaus," *American Journalism Review* (Oct. –Nov. 2003), http://ajrarchive.org/Article.asp?id=3409.

5. Paul Farhl, "One Billion Dollars Profit? Yes, the Campaign Has Been a Gusher for CNN," *Washington Post*, Oct. 27, 2016, https://www.washingtonpost.com/lifestyle/style/one-billion-dollars-profit-yes-the-campaign-has-been-a-gusher-for-cnn/2016/10/27/1fc879e6-9c6f-11e6-9980-50913d68eacb_story.html?utm_term=.c00743f7897c.

6. Ibid.

7. Brett Edkins, "Donald Trump's Election Delivers Massive Ratings for Cable News," *Forbes*, Dec. 1, 2016, https://www.forbes.com/sites/brettedkins/2016/12/01/donald-trumps-election-delivers-massive-ratings-for-

cable-news/#3df398f5119e.

8. Neal Gabler, "Donald Trump Triggers a Media Civil War," billmoyers.com, March 25, 2016, http://billmoyers.com/story/donald-trump-triggers-a-media-civil-war/.

9. Rantt Editorial Board, "The Media Helped Elect Donald Trump and They Need to Own Up to It," rantt.com, Dec. 20, 2016, https://rantt.com/the-media-helped-elect-donald-trump-and-they-need-to-own-up-to-it-a33804e9cf1a.

10. Ibid.

11. Ibid.

12. Jeffrey Gottfried and Elisa Shearer, Pew Research Center, "News Use across Social Media Platforms 2016," journalism.org, May 26, 2016, http://www.journalism.org/files/2016/05/PJ_2016.05.26_social-media-and-news_FI-NAL.pdf.

13. Ricardo Gandour, "Study: Decline of Traditional Media Feeds Polarization," Columbia Journalism Review, Sept. 19, 2016, http://www.cjr.org/analysis/media_polarization_journalism.php.

14. Jacob Soll, "The Long and Brutal History of Fake News," Politico, Dec. 18, 2016, http://www.politico.com/magazine/story/2016/12/fake-news-history-long-violent-214535.

15. Ibid.

16. Ibid.

17. Michael Schudson, Discovering the News: A Social History of American Newspapers (New York: Basic Books, 1981), 4. 여기서 '뉴스'라는 개념이 언제부터 시작되었는지에 대한 셔드슨과 솔의 논쟁을 주목하라. 셔드슨이 뉴스의 개념이 '잭슨 시대'부터 시작되었다고 말하자 솔은 "뉴스는 인쇄술의 발명으로 500년 전에 하나의 개념이 되었다."고 반박했다.

18. Ibid.

19. Ibid., 5.

20. Christopher Woolf, "Back in the 1890s, Fake News Helped Start a War," Public Radio International, Dec. 8, 2016, https://www.pri.org/stories/2016-12-08/

long-and-tawdry-history-yellow-journalism-america.

21. Joseph E. Wisan (1934), cited from Alexandra Samuel, "To Fix Fake News, Look to Yellow Journalism," *JSTOR Daily*, Nov. 29, 2016에서 인용. https://daily.jstor.org/to-fix-fake-news-look-to-yellow-journalism/.

22. Soll, "The Long and Brutal History."

23. Woolf, "Back in the 1890s, Fake News Helped Start a War."

24. Schudson, *Discovering the News*, 5.

25. Soll, "The Long and Brutal History."

26. Jason Stanley, "The Truth about Post-Truth," Ideas with Paul Kennedy, Canadian Broadcasting Corporation Radio, April 17, 2017, http://www.cbc.ca/radio/ideas/the-truth-about-post-truth-1.3939958.

27. 하나의 거짓말을 예를 들어 유추해보면 위에서 말한 그런 구분을 이해하는 데 도움이 될 것이다. 다시 말해서, 단순히 잘못된 내용을 싣는 것이 아니라 의도성을 가지고 호도할 때 가짜 뉴스를 만들어내게 된다는 것이다. 그래도 다음과 같은 의문을 제기할 수는 있다. 의도성이 없다 해도 진실이 아닌 것을 접한 사람이 그것을 실제로 믿어버리게 되면 어떻게 되는 걸까? 그럴 경우 그 잘못된 정보는 그를 속이는 것이 될까?

28. Andrew Higgins et al., "Inside a Fake News Sausage Factory: 'This Is All About Income,'" *New York Times*, Nov. 25, 2016, https://www.nytimes.com/2016/11/25/world/europe/fake-news-donald-trump-hillary-clinton-georgia.html?_r=0.

29. Ibid.

30. Samantha Subramanian, "Inside the Macedonian Fake-News Complex," *Wired*, Feb. 15, 2017, https://www.wired.com/2017/02/veles-macedonia-fake-news/.

31. Scott Shane, "From Headline to Photograph, a Fake News Masterpiece," *New York Times*, Jan. 18, 2017, https://www.nytimes.com/2017/01/18/us/fake-news-hillary-clinton-cameron-harris.html.

32. Joe Marusak, "Fake News Author Is Fired; Apologizes to Those Who Are 'Disappointed' by His Actions," *Charlotte Observer*, Jan. 19, 2017, http://www.charlotteobserver.com/news/local/article127391619.html.

33. 2017년 3월 31일 미 상원의회 정보위원회는 다음과 같이 보고한 바 있다. "러시아가 대선 기간 동안 민주당 후보 힐러리 클린턴을 음해하기 위해 가짜 뉴스들을 만들어 퍼뜨리는 데 적어도 1,000명을 고용했다는 보고들을 수사하고 있었다."는 것이다. http://www.huffingtonpost.com/entry/russian-trolls-fake-news_us_58dde6bae4b08194e3b8d5c4. 그들의 작업은 너무나 정교해서, 위스콘신 주, 미시건 주, 펜실베니아 주처럼 대선 경합 지역을 타깃으로 할 수 있었던 것으로 보였다. http://www.independent.co.uk/news/world/americas/us-politics/russian-trolls-hilary-clinton-fake-news-election-democrat-mark-warner-intelligence-committee-a7657641.html.

34. Sapna Maheshwari, "How Fake News Goes Viral: A Case Study," *New York Times*, Nov. 20, 2016, https://www.nytimes.com/2016/11/20/business/media/how-fake-news-spreads.html?_r=0.

35. "Man Opens Fire in Restaurant Targeted by Anti-Clinton 'Pizzagate' Fake News Conspiracy," CBS News, Dec. 4, 2016, http://www.cbsnews.com/news/police-man-with-assault-rifle-dc-comet-pizza-victim-of-fake-sex-trafficking-story/.

36. Craig Silverman, "This Analysis Shows How Viral Fake Election News Stories Outperformed Real News on Facebook," buzzfeed.com, Nov. 16, 2016, https://www.buzzfeed.com/craigsilverman/viral-fake-election-news-outperformed-real-news-on-facebook?utm_term=.lrJLPJLWV#.ssvv6Avgl.

37. "Duped by Fake News, Pakistan Defense Minister Makes Nuke Threat to Israel," yahoo.com, Dec. 26, 2016, https://www.yahoo.com/news/duped-fake-news-pakistan-minister-makes-nuke-threat-074808075.html.

38. Sam Kestenbaum, "Google 'Did the Holocaust Happen'—and a Neo-Nazi Site Is the Top Hit," forward.com, Dec. 13, 2016, http://forward.com/news/356923/google-did-the-holocaust-happen-and-a-neo-nazi-site-is-the-top-hit/.

39. Philip Bump, "Google's Top News Link for 'Final Election Results' Goes to a Fake News Site with False Numbers," *Washington Post*, Nov. 14, 2016, https://www.washingtonpost.com/news/the-fix/wp/2016/11/14/googles-top-news-link-for-final-election-results-goes-to-a-fake-news-site-

with-false-numbers/?utm_term=,a75261b0dea8.

40. Danielle Kurtzleben, "With 'Fake News,' Trump Moves from Alternative Facts to Alternative Language," NPR.org, Feb. 17, 2017, http://www.npr.org/2017/02/17/515630467/with-fake-news-trump-moves-from-alternative-facts-to-alternative-language.

41. Jason Stanley, *How Propaganda Works* (Princeton, NJ: Princeton University Press, 2015).

42. "How Propaganda Works in the Age of Fake News," WBUR.org, Feb. 15, 2017, http://www.wbur.org/hereandnow/2017/02/15/how-propaganda-works-fake-news.

43. 줄리 벡의 기사에서 이와 유사한 지적을 더 많이 찾아볼 수 있다. "This Article Won't Change Your Mind," Atlantic, March 13, 2017, https://www.theatlantic.com/science/archive/2017/03/this-article-wont-change-your-mind/519093/.

44. Ron Suskind, "Faith, Certainty and the Presidency of George W. Bush," New *York Times Magazine*, Oct. 17, 2004, http://www.nytimes.com/2004/10/17/magazine/faith-certainty-and-the-presidency-of-george-w-bush.html?_r=0.

45. Hannah Arendt, *The Origins of Totalitarianism* (New York: Harcourt, Brace, 1951), 474.

46. Charles Simic, "Expendable America," *New York Review of Books*, Nov. 19, 2016, http://www.nybooks.com/daily/2016/11/19/trump-election-expendable-america/.

47. Timothy Snyder, *On Tyranny: Twenty Lessons from the 20th Century* (New York: Tim Duggan Books, 2017).

48. Sean Illing, "'Post-Truth Is Pre-Fascism': A Holocaust Historian on the Trump Era," *Vox*, March 9, 2017, http://www.vox.com/conversations/2017/3/9/14838088/donald-trump-fascism-europe-history-totalitarianism-post-truth.

49. http://www.marketwatch.com/story/how-does-your-favorite-news-source-rate-on-the-truthiness-scale-consult-this-chart-2016-12-15.

50. Robinson Meyer, "The Rise of Progressive 'Fake News,'" *Atlantic*, Feb. 3, 2017, https://www.theatlantic.com/technology/archive/2017/02/viva-la-resistance-content/515532/; Sam Levin, "Fake News for Liberals: Misinformation Starts to Lean Left under Trump," *Guardian*, Feb. 6, 2017, https://www.theguardian.com/media/2017/feb/06/liberal-fake-news-shift-trump-standing-rock.

51. Katharine Viner, "How Technology Disrupted the Truth," *Guardian*, July 12, 2016, https://www.theguardian.com/media/2016/jul/12/how-technology-disrupted-the-truth.

52. Nick Wingfield et al., "Google and Facebook Take Aim at Fake News Sites," *New York Times*, Nov. 14, 2016, https://www.nytimes.com/2016/11/15/technology/google-will-ban-websites-that-host-fake-news-from-using-its-ad-service.html.

53. Ibid.

54. David Pierson, "Facebook Bans Fake News from Its Advertising Network—but not Its News Feed," *Los Angeles Times*, Nov. 15, 2016, http://www.latimes.com/business/la-fi-facebook-fake-news-20161115-story.html. 하지만 2017년 9월 페이스북은 2016년 대선을 조작하기 위한 크렘린과의 연계가 있는 러시아 기업에 수천 건의 광고를 판매했다고 밝혔다. Scott Shane and Vindu Goel, "Fake Russian Facebook Accounts Bought $100,000 in Political Ads," *New York Times*, Sept. 6, 2017, https://www.nytimes.com/2017/09/06/technology/facebook-russian-political-ads.html.

55. Pierson, "Facebook Bans Fake News."

56. 이제 페이스북은 '가짜 뉴스를 찾아내기 위한 팁'이라는 도움말 페이지를 두었다. 이 부분은 유용하기는 하지만 여전히 자신의 뉴스 피드에서 가짜 뉴스 내용을 걸러내야 할 책임이 페이스북 사용자들에게 남아 있다. https://techcrunch.com/2017/04/06/facebook-puts-link-to-10-tips-for-spotting-false-news-atop-feed/.

57. Meyer, "The Rise of Progressive 'Fake News,'"에서 인용. https://www.theatlantic.com/technology/archive/2017/02/viva-la-resistance-content/515532/.

58. Laurel Wamsley, "Big Newspapers Are Booming: 'Washington Post' to Add
   60 Newsroom Jobs," NPR.org, Dec. 27, 2016, http://www.npr.org/sections/
   thetwo-way/2016/12/27/507140760/big-newspapers-are-booming-
   washington-post-to-add-sixty-newsroom-jobs.

59. Daniel J. Levitin, *Weaponized Lies: How to Think Critically in the Post-
   Truth Era* (New York: Dutton, 2017).

60. Scott Bedley, "I Taught My 5th-Graders How to Spot Fake News: Now They
   Won't Stop Fact-Checking Me," *Vox*, May 29, 2017, http://www.vox.com/
   first-person/2017/3/29/15042692/fake-news-education-election.

제6장 포스트모더니즘은 어떻게 탈진실로 이어졌을까?

1. Michael Lynch, *True to Life: Why Truth Matters* (Cambridge, MA: MIT Press,
   2004), 35-36.

2. Conor Lynch, "Trump's War on Environment and Science Are Rooted in His
   Post-Truth Politics—and Maybe in Postmodern Philosophy," *Salon*, April
   1, 2017, http://www.salon.com/2017/04/01/trumps-war-on-environment-
   and-science-are-rooted-in-his-post-truth-politics-and-maybe-in-post-
   modern-philosophy/.

3. Paul Gross and Norman Levitt, *Higher Superstition: The Academic Left
   and Its Quarrels with Science* (Baltimore: Johns Hopkins University Press,
   1994), 77.

4. Lynne Cheney, *Telling the Truth* (New York: Simon & Schuster, 1995).

5. 포스트모더니즘에 대한 몇몇 신랄한 비판에 대해서는 다음 저서들을 보라. Mi-
   chael Lynch, *In Praise of Reason* (Cambridge, MA: MIT Press, 2012); Paul
   Boghossian, *Fear of Knowledge: Against Relativism and Constructivism*
   (Oxford: Clarendon Press, 2007); Noretta Koertge, ed., A House Built on
   Sand: Exposing Postmodernist Myths about Science (Oxford: Oxford Uni-
   versity Press, 1998).

6. '스트롱 프로그램' 및 그것을 창안한 데이비드 블루어에 대해 더 많은 정보를 원한
   다면, "David Bloor and the Strong Programme,"이라는 콜린 핀(Collin Finn)
   의 비평적 에세이*Synthese Library Book Series*, vol. 348 (Springer, 2011)가

매우 좋은 입문서가 될 것이다.

7. 퓨 리서치 센터의 '기후 변화 정책'에 관한 여론조사(2016년 10월)에서 이런 주장들 중 일부가 극단적 보수주의에 의해 취해진 것은 아이러니해 보인다. '기후 과학자들은 주로 무엇에 영향을 받는가?'라는 질문에 보수 성향의 공화당원 57퍼센트가 '자신의 성취에 대한 욕망', 54퍼센트가 '정치적 성향'이라고 답했으며, 단 9퍼센트만이 '과학적 증거'라는 데 동의했다. http://www.pewinternet.org/2016/10/04/the-politics-of-climate/.

8. Carolyn Merchant, *The Death of Nature* (New York: Harper, 1990).

9. Sandra Harding, *The Science Question in Feminism* (Ithaca: Cornell University Press, 1986), 113.

10. 전통적인 객관적 관념론에 의문을 제기하면서도 과학의 특성을 옹호하는 미묘한 철학적 설명을 읽고 싶다면 Helen Longino, *Science as Social Knowledge: Values and Objectivity in Scientific Inquiry* (Princeton, NJ: Princeton University Press, 1990)을 보라.

11. Alan Sokal, "Transgressing the Boundaries: Toward a Transformative Hermeneutics of Quantum Gravity," *Social Text* 46-47 (spring-summer 1996): 217-252, http://www.physics.nyu.edu/sokal/transgress_v2_noafterword.pdf.

12. Alan Sokal, "A Physicist Experiments with Cultural Studies," *Lingua Franca* (May-June 1996), http://www.physics.nyu.edu/faculty/sokal/lingua_franca_v4/lingua_franca_v4.html.

13. Ibid.

14. 이에 대해 마이클 베루베는 다음과 같이 언급했다. "소칼은 포스트모더니즘과 그에 관련된 이론이 진보 진영 사람들에게 나쁜 결과를 안겨줬으며 그들의 학문적 계파는 진보주의적 정책 기반을 약화시키고 있다고 믿었다(이렇게 믿었던 것은 단지 소칼 혼자만은 아니었다)." Michael Berube, "The Science Wars Redux," *Democracy Journal* (winter 2011): 70.

15. Sokal, "A Physicist Experiments with Cultural Studies."

16. Judith Warner, "Fact-Free Science," *New York Times Magazine*, Feb. 25, 2011, http://www.nytimes.com/2011/02/27/magazine/27FOB-WWLN-t.html.

17. Chris Mooney, "Once and For All: Climate Denial Is Not Postmodern," *Desmog*, Feb. 28, 2011, https://www.desmogblog.com/once-and-all-climate-denial-not-postmodern.

18. Ibid.

19. Robert Pennock, "The Postmodern Sin of Intelligent Design Creationism," *Science and Education* 19 (2010): 757 – 778, https://msu.edu/~pennock5/research/papers/Pennock_PostmodernSinID.pdf.

20. 필립 존슨과의 인터뷰. J. Lawrence, *Communique: A Quarterly Journal*(Spring 1999), http://www.arn.org/docs/johnson/commsp99.htm.

21. G. Silberman, "Phil Johnson's Little Hobby," *Boalt Hall Cross-Examiner* 6, no. 2 (1993): 4.

22. P. Johnson, "Open Letter to John W. Burgeson." 페녹은 이 글을 인터넷에 게시했지만 곧 삭제할 수밖에 없었다. 페녹이 인용해 올린 글은 "The Postmodern Sin," 759를 참조.

23. N. Pearcey, "Anti-Darwinism Comes to the University: An Interview with Phillip Johnson," *Bible Science Newsletter* 28, no. 6 (1990): 11.

24. Pennock, "The Postmodern Sin" 762.

25. 어떻게 지적 설계론 논쟁이 기후변화 논쟁에 영향을 끼치게 되었는지에 대한 논의를 살펴보고자 한다면 나의 책 *Truth: Willful Ignorance in the Internet Age* (New York: Routledge, 2015), 56 – 80을 보라.

26. 이들 가운데 몇몇은 2011년 워너의 기사에 인용되었다.

27. http://www.nytimes.com/2003/03/15/opinion/environmental-word-games.html.

28. Bruno Latour, "Why Has Critique Run Out of Steam? From Matters of Fact to Matters of Concern," *Critical Inquiry* 30 (winter 2004): 225 – 248, http://www.unc.edu/clct/LatourCritique.pdf.

29. Ibid.

30. Michael Berube, "The Science Wars Redux," *Democracy Journal* (winter 2011): 64 – 74, http://democracyjournal.org/magazine/19/the-science-wars-redux/.

31. Ibid.

32. Conor Lynch, "Trump's War on Environment and Science Are Rooted in His Post-Truth Politics,"

33. 라투르는 자신의 글 "Why Has Critique Run Out of Steam? From Matters of Fact to Matters of Concern"에서 이렇게 말한다. "물론 음모론은 우리 자신의 논쟁에 비롯된 기형적인 이론이기는 하나, 그것은 마치 애매한 경계를 통해 엉뚱한 곳으로 밀반입된 무기와도 같다. 하지만 이것들은 우리의 무기다. 모두 기형적 형태의 이론들임에도 불구하고 그것은 인식하기 쉽고 여전히 중요한 주제이며 우리의 상징이다."

34. 나는 내 저서 《리스펙팅 트루스》에서 포스트모더니즘이 과학부인주의의 뿌리 가운데 하나로 문제를 제기한 바 있다. 뿐만 아니라, "The Attack on Truth," Chronicle of Higher Education, June 8, 2015 에서도 다룬 적이 있다. 이미 나는 앞의 2장에서 과학부인주의는 '탈진실 현상'에 선구적 역할을 했다고 이야기했다. 이 두 가지를 함께 고려한다면, 포스트모더니즘 또한 탈진실 현상이 나오게 된 뿌리 가운데 하나라는 결론에 이른다.

35. Conor Lynch, "Trump's War on Environment and Science Are Rooted in His Post-Truth Politics," Andrew Calcutt, "The Truth about Post-Truth Politics," Newsweek, Nov. 21, 2016, http://www.newsweek.com/truth-post-truth-politics-donald-trump-liberals-tony-blair-523198, and Andrew Jones, "Want to Better Understand 'Post-Truth' Politics? Then Study Postmodernism," Huffington Post, Nov. 11, 2016, http://www.huffingtonpost.co.uk/andrew-jones/want-to-better-understand_b_13079632.html. 인터넷 블로그에 실린 몇몇 흥미로운 글들을 보라. "Donald Trump and the Triumph of Right-Wing Postmodernism," Stewedrabbit (blog), Dec. 12, 2016, http://stewedrabbit.blogspot.com/2016/12/donald-trump-and-triumph-of-right-wing.html, and Charles Kurzman, "Rightwing Postmodernists," Nov. 30, 2014, http://kurzman.unc.edu/rightwing-postmodernists/.

36. Truman Chen, "Is Postmodernism to Blame for Post-Truth?" Philosophytalk (blog), Feb. 17, 2017, https://www.philosophytalk.org/blog/postmodernism-blame-post-truth.

37. Ibid.

38. Carole Cadwalladr, "Daniel Dennett: 'I Begrudge Every Hour I Have to

Spend Worrying about Politics,'" *Guardian*, Feb. 12, 2017, https://www.theguardian.com/science/2017/feb/12/daniel-dennett-politics-bacteria-bach-back-dawkins-trump-interview.

39. 비록 세르노비치는 자신을 '대안 우파'라고 규정하지는 않지만, 한 저널리스트는 그가 '대안 우파' 모임의 운동에 대해 논의할 때 '우리'라고 언급했다는 것을 지적했다. Andrew Marantz, "Trolls for Trump: Meet Mike Cernovich, the Meme Mastermind of the Alt-Right," *New Yorker*, Oct. 31, 2016, http://www.newyorker.com/magazine/2016/10/31/trolls-for-trump.

40. Maxwell Tani, "Some of Trump's Top Supporters Are Praising a Conspiracy Theorist Who Fueled 'Pizzagate' for His Reporting," *Business Insider*, April 4, 2017, http://www.businessinsider.com/mike-cernovich-kellyanne-conway-donald-trump-jr-2017-4.

41. Gideon Resnick, "Trump's Son Says Mike 'Pizzagate' Cernovich Deserves a Pulitzer," *The Daily Beast*, April 4, 2017, http://www.thedailybeast.com/articles/2017/04/04/trump-s-son-says-mike-pizzagate-cernovich-deserves-a-pulitzer.html.

42. https://www.youtube.com/watch?v=4ZmljpEf4q4.

43. Abby Ohlheiser and Ben Terris, "How Mike Cernovich's Influence Moved from the Internet Fringes to the White House," *Washington Post*, April 7, 2017, https://www.washingtonpost.com/news/the-intersect/wp/2017/04/07/how-mike-cernovichs-influence-moved-from-the-internet-fringes-to-the-white-house/?utm_term=.1f0eca43415c.

44. 데이트 강간에 대한 세르노비치의 견해에 대해서는 Tani, "Some of Trump's Supporters." '페미니즘의 세뇌'에 대한 그의 견해에 대해서는 Marantz, "Trolls for Trump."를 보라. 매런츠의 이 기사에는 다음과 같은 글이 실려 있다. "2003년 세르노비치는 그가 알고 있던 한 여자를 강간했다는 죄목으로 고소당했다. 이후 고소는 취하되었으나, 판사는 그에게 처벌로 사회봉사 명령을 내렸다."

45. Tani, "Some of Trump's Supporters."

46. Marantz, "Trolls for Trump."

제7장 탈진실에 맞서 싸우다

1. Nancy Gibbs, "When a President Can't Be Taken at His Word," Time, April 3, 2017, http://time.com/4710615/donald-trump-truth-falsehoods/.

2. Ibid.

3. Farhad Manjoo, True Enough: Learning to Live in a Post-Fact Society (Hoboken, NJ: Wiley, 2008).

4. 2004년 랠프 키스는 《포스트트루스 시대The Post-Truth Era: Dishonesty and Deception in Contemporary Life》(New York: St. Martin's, 2004)라는 책을 출간했다. 이 책에서 그는 사회 문제로 대두되는 부정직과 거짓말이라는 주제를 다룬다. 2015년 나는 《리스펙팅 트루스》라는 책을 출간했으며, 이 책에서 탈진실에 대해 이렇게 비판한 바 있다. "점점 더 편파적으로 되어가는 사람들이 쓰던, 당시 '탈진실'이라고 불렸던 몇몇 전술들은 과학에 그 근거를 두고 있었다. 그러나 우리들 가운데 어느 누구도 파하드 만주가 그랬던 것처럼 (탈진실 전술)이 국가 정책으로까지 이어질 수 있으리라고는 예상하지 못했다."

5. Manjoo, True Enough, 56-58.

6. Lindsay Abrams, "BBC Staff Ordered to Stop Giving Equal Airtime to Climate Deniers," Salon, July 6, 2014, http://www.salon.com/2014/07/06/bbc_staff_ordered_to_stop_giving_equal_air_time_to_climate_deniers/.

7. Justin Ellis, "Why the Huffington Post Doesn't Equivocate on Issues like Global Warming," NiemanLab, April 16, 2012, http://www.niemanlab.org/2012/04/why-the-huffington-post-doesnt-equivocate-on-issues-like-global-warming/.

8. David Redlawsk et al., "The Affective Tipping Point: Do Motivated Reasoners Ever 'Get It'?" http://rci.rutgers.edu/~redlawsk/papers/A%20Tipping%20Point%20Final%20Version.pdf.

9. Ibid.

10. Ibid.

11. James Kuklinski et al., "Misinformation and the Currency of Democratic Citizenship," Journal of Politics 62, no. 3 (August 2000): 790-816, https://www.unc.edu/~fbaum/teaching/articles/JOP-2000-Kuklinski.pdf.

12. Christopher Joyce, "Rising Sea Levels Made This Republican Mayor a Climate Change Believer," NPR.org, May 17, 2016, http://www.npr.org/2016/05/17/477014145/rising-seas-made-this-republican-mayor-a-climate-change-believer.

13. Ibid.

14. Erika Bolstad, "Florida Republicans Demand Climate Change Solutions," *Scientific American*, March 15, 2016, https://www.scientificamerican.com/article/florida-republicans-demand-climate-change-solutions/.

15. Brendan Nyhan and Jason Reifler, "The Roles of Information Deficits and Identity Threat in the Prevalence of Misperceptions," Feb. 24, 2017, https://www.dartmouth.edu/~nyhan/opening-political-mind.pdf.

16. Ruth Marcus, "Forget the Post-Truth Presidency: Welcome to the Pre-Truth Presidency," *Washington Post*, March 23, 2017, https://www.washingtonpost.com/opinions/welcome-to-the-pre-truth-presidency/2017/03/23/b35856ca-1007-11e7-9b0d-d27c98455440_story.html?utm_term=.86208421e389.

17. http://time.com/4710456/donald-trump-time-interview-truth-falsehood/.

18. Glenn Kessler and Michelle Ye Hee Lee, "President Trump's Cascade of False Claims in Time's Interview on His Falsehoods," *Washington Post*, March 23, 2017, https://www.washingtonpost.com/news/fact-checker/wp/2017/03/23/president-trumps-cascade-of-false-claims-in-times-interview-on-his-falsehoods/?utm_term=.1df47d64641a; Michael Shear, "What Trump's Time Interview Shows about His Thinking," *New York Times*, March 23, 2017, https://www.nytimes.com/2017/03/23/us/politics/what-trumps-time-interview-shows-about-his-thinking.html?_r=0; Lauren Carroll and Louis Jacobson, "Fact-Checking Trump's TIME Interview on Truths and Falsehoods," PolitiFact, March 23, 2017, http://www.politifact.com/truth-o-meter/article/2017/mar/23/fact-checking-trumps-time-interview-truths-and-fal/.

19. Marcus, "Forget the Post-Truth Presidency."

20. http://time.com/4710456/donald-trump-time-interview-truth-false-hood/.

21. Lawrence Douglas, "Donald Trump's Dizzying Time Magazine Interview Was 'Trumpspeak' on Display," *Guardian*, March 24, 2017, https://www.theguardian.com/commentisfree/2017/mar/24/donald-trumps-dizzying-time-magazine-interview-trumpspeak.

22. Bill Moyers, "A Group of Experts Wrote a Book about Donald Trump's Mental Health—and the Controversy Has Just Begun," Mother Jones, Sept. 23, 2017, http://www.motherjones.com/politics/2017/09/a-group-of-experts-wrote-a-book-about-donald-trumps-mental-health-and-the-controversy-has-just-begun/.

23. https://science.ksc.nasa.gov/shuttle/missions/51-l/docs/rogers-commission/Appendix-F.txt.

해제 탈진실의 사회정치학과 미디어

1. 이 책의 저자 리 매킨타이어는 탈진실 시대를 만들어내는 주요 원흉 중 하나로 과학부인주의를 꼽는다. 이는 엄연히 과학적으로 확증된 사실조차 이념이나 정치적 논쟁의 영역으로 끌어들이는 일련의 의도적인 행위를 가리킨다. 자연과학적 사실이 아닌 역사적 사실을 혼란에 빠뜨리는 탈진실 행위 가운데에는 나치의 유대인 학살을 부인하는 흐름도 있다. 이에 상응하는 한국의 대표적 탈진실 행위가 바로 5·18 부정론인 셈인데, 전자는 그나마 낯부끄러운 행동으로 취급되는 반면, 후자는 기성 정치 세력의 뒷받침에 의해 '주류'의 목소리로 취급받는 비극이 연출되고 만다.

2. 이들 (극)우파 정치 세력과 그에 동조하는 언론이 (그들 스스로 채택한 이른바 태극기 집회라는 명칭의) 탄핵 반대 집회에서 태극기와 함께 성조기를 들고 미국 가짜 뉴스의 본체이자 민주주의의 위기를 낳은 도널드 트럼프에게 탄핵 무효를 청원하는 모습은 자못 기이해 보일 정도였다. 이런 비상식적인 상황에 대해 비판적인 분석이나 의견을 단 한 번이라도 진지하게 제출한 경우는, 적어도 국내에서 보수를 자임하는 정치세력이나 언론을 통해 찾아보기는 대단히 어렵다.

3. 이처럼, 한국의 현행 법령상 가짜 뉴스는 형법상의 명예훼손이나 업무 방해 등이 아닌, 공직자선거법상의 허위사실공표죄 조항을 기준으로 단속하거나 처벌할 수

밖에 없다. 더불어민주당 박광온 의원이 2018년에 발의한 '가짜 뉴스 금지법안'의 경우 가짜 뉴스 규제를 위한 최소한의 입법적 수단을 마련하는 선에서의 진전은 있었으나, 여러 가지 장벽에 부딪혀버린 상태다. 그 장벽에는 가짜 뉴스 처벌이 표현의 자유를 위축한다는 '명분'이 달려 있기는 했지만, 그 명분 아래에 깔린 정파적 이해관계도 무시할 수 없다. 그리고 이는 최근 가짜 뉴스의 '정치적 이익'이 주로 어떤 당파에 유리한 쪽으로 간주되고 있는가를 짐작하게 한다.

4. 일부에서 잠시 포털에 대한 규제 범위 확대를 요구하는 목소리가 있기는 했지만, 대체로 국가와 디지털 플랫폼, 저널리즘 생산자 사이의 '협력'을 요구하는 분위기로 수렴되고 있다.

5. 이 프로젝트의 현실은 그렇게 순조롭지만은 않았다. 자유한국당 대선 후보였던 홍준표 전 대표가 자신에게 불리한 편향적 결과를 유포한 혐의로 이들에 대한 사법적 처리를 요구하기도 했던 사례가 대표적이다. 선거 기간에 가장 기승을 부리는 가짜 뉴스에 대한 팩트체크가 정작 선거 기간에는 위축 효과를 겪을 수밖에 없는 아이러니. 바로 그것이 탈진실 시대에 처한 우리 사회의 민낯이다.

가짜 뉴스와 탈진실 시대
포스트트루스

1판 1쇄 발행 ┃ 2019년 5월 1일
1판 10쇄 발행 ┃ 2024년 11월 8일

지은이 ┃ 리 매킨타이어
옮긴이 ┃ 김재경
해제 ┃ 정준희

발행인 ┃ 이성현
책임편집 ┃ 전상수
디자인 ┃ 노지혜

발행처 ┃ 도서출판 두리반
주소 ┃ 서울특별시 종로구 사직로 8길 34(내수동 72번지) 1104호
편집부 ┃ TEL 02-737-4742 ┃ FAX 02-462-4742
이메일 ┃ duriban94@gmail.com

등록 ┃ 2012. 07. 04 / 제 300-2012-133호
ISBN ┃ 979-11-88719-02-0 03300

※ 책값은 뒤표지에 있습니다.